高职高专『十三五』国际贸易专业(含金融方向)系列规划教材

进出口核算

JINCHUKOUHESUAN

主编 张慧省

西安交通大学出版社
XI'AN JIAOTONG UNIVERSITY PRESS

内 容 提 要

　　本书是主要探讨国际贸易交易中作为进出口商如何对外报价、如何还价以及能否接受对方报价的一本外贸专业教材，主要运用"报价=成本+费用+利润"原理进行各项核算，然后又从成本、费用、利润的角度进行层层剖析，展开进行详解，尤其是费用环节，分别从国内费用、国际运费、国际保险费、国际佣金等方面细致入微地深入探索，可谓环环相扣，丝丝入扣。

　　本书既可以作为国际贸易相关专业的教材，也可以作为从事进出口核算相关人员的参考用书。

前言
Foreword

进出口核算是一门主要研究国际货物买卖过程中就出口报价、还价、成交时核算商品成本、费用和利润的一门课程。它涉及国际贸易、涉外会计、国际运输等知识和运算技能的综合运用。本课程的主要任务是：通过本课程的学习，使学生能从理论和实践的角度基本掌握外贸进出口商品的报价和核算。

为了适应国际贸易专业的课程改革，同时又便于学生对课程的理解，作者结合多年的教学工作经验，从简单易学的角度进行编排，因此，本书与其他相关教材相比具有如下特色：

(1)综合性强。本书将对核算中涉及的国际贸易术语、国际货物运输、国际金融、涉外会计等基本理论和基本常识进行了详细讲解，使核算人员有一定的理论常识，而不是只讲核算不讲理论知识，避免了高空建瓴，理论与实践脱节。

(2)知识体系更加系统、完整。本书既从出口角度讲解核算的知识和技巧，又从进口角度进行了阐述，避免了知识结构不完整的缺陷。出口上从报价核算、还价核算、成交核算三个方面展开。报价核算中又从成本核算、费用核算、利润核算三个层次展开。在知识内容和技巧上依次展开，层层深入，细致详细，并多次运用图表进行直观展示，使之简单易学，易于操作。

(3)结构清晰明了。本书共分为六章。其中，第一章商品的价格，涉及相关国际贸易基本常识和国际贸易惯例。第二章、第三章、第四章、第五章为出口核算，并且第三章、第四章、第五章分别从报价、还价和成交的三个层次进行讲解。并且将第二章出口价格构成这个重点内容分成九个小节进行讲述，从成本、费用和利润的角度展开论述。其中费用涉及面最广，涉及运费(包括海、空、陆三方面)、佣金、保险费、国内费用等。第六章为进口核算，从报价角度和成交角度进行阐述。

本书由西安外贸职工大学张慧省统筹并编写。在编写过程中除了参考所列出的书目资料外，还借鉴了国际商会出版物、最新相关报刊文章及相关网站的资料。在此，对所有因本书而给予热情帮助的各位人士致以诚挚的谢意。

本书可作为高等院校、职业院校的经济、贸易、管理类专业在贸易方面的专业教材，也可作为从事外贸、运输、保险、会计、海关等部门工作人员的培训教材和参考读物。

由于笔者学识和写作水平有限，书中难免出现不妥和疏漏之处，敬请读者斧正，并提出宝贵意见。

编者

2015.7

目录
Contents

绪 论

出口交易磋商过程中,进出口双方要进行讨价还价,生意结束后要进行结算,考查一下所赢得利润的多少。这一切与商品的价格核算是分不开的。进出口业务实施过程中,包括货源采购、出口报价以及将货物运交买方、收汇等多个阶段,其间产生的成本、费用是构成出口商品价格的主要因素。如何确定成本因素中的主要项目,应就商品的特性和具体情况而定。所以,作为外贸业务人员,要进行业务核算应努力从以下几方面提高业务素质。

1. 需要具备国际贸易基本专业理论知识

能熟练地使用英语与国外客户进行函电往来、进行业务谈判及交流,了解国际贸易签约、履约的环节和操作技能,熟悉国际贸易惯例、法规和各国贸易的习惯做法。

2. 了解关于生产的知识

(1)生产知识。熟悉原料供应量、成品的销量、包装种类。

(2)生产工艺。了解生产的基本配方、工艺流程、机器设备及质量管理。

(3)生产规模。熟悉原材料的供应货源、供货期限、成品加工周期、储运能力。

3. 掌握所经营的商品知识

(1)商品知识。掌握主营产品的物理、化学性能及成分、含量、规格、型号等。

(2)标准规定。了解进口国家对商品的技术、安全、卫生、环保等的规定。

(3)商品包装。熟悉包装材料、包装方式方法、单件包装的体积和毛净重及各种运输工具装载量。

(4)商品编码。知道海关税则的分类、商品对应的商品编码。

4. 掌握计算出口价格的技巧

(1)出口成本。获取购货价格、增值税率、退税率的数值。

(2)运输成本。了解运往主要国家港口的基本运价、费率。

(3)保险成本。了解运往主要国家或地区的不同险种的保险费率。

(4)费用成本。掌握检验费、报关费、办证费、银行手续费、综合管理费等相关数据。

(5)其他因素。获取进出口关税、出口退税、配额限量、货币汇率、贷款利息等数据。

5. 掌握和了解国际市场行情

(1)价格变化。了解国际市场价格波动趋势以及因季节如何变化。

(2)发展趋势。了解市场供求变化、商品生命周期、市场流行花色及款式以及变化对价格的影响。

(3)竞争对手。了解竞争对手的商品价格、质量、销售量、服务、市场份额等。

6. 掌握客户的资信

(1)客户资信。通过各种渠道了解客户的资金信用情况,避免上当受骗。

（2）稳定客户。坚持"重合同，守信用"的方针，认真履行合同，合理解决业务中的争议和纠纷，树立企业良好的信誉。

作为外贸公司的主要业务人员，对自己经营的产品，要熟悉上述六个方面，才能完成出口商品的价格核算，并且能根据市场行情及竞争对手的情况灵活进行出口报价及还价，从而获得丰厚的出口利润。并且在业务管理过程中，能根据上一年度的出口创汇、经营利润、费用指标等进行下一年度的预测。本书的重点主要从第 4 点——出口价格的技巧上来进行论述。

第一章
商品的价格

知识目标

1. 了解国际贸易中单价的构成；

2. 了解国际贸易惯例三大体；

3. 掌握《2010 通则》中国际贸易术语的内容；

4. 掌握六个重要的术语 FOB、CFR、CIF、FCA、CPT、CIP 的基本内容和价格构成，为价格核算打下坚实的理论基础。

技能目标

1. 在国际贸易中会选择最佳贸易术语；

2. 学会使用不同贸易术语进行报价。

重点

1. 《2010 通则》中 11 个术语的区分及使用；

2. 六个主要贸易术语的使用及价格构成。

难点

三个重要贸易术语 FOB、CFR、CIF 的价格构成。

在商品买卖中，商品的价格是交易双方共同关心的问题。它反映商品的价值高低。在国际贸易中，进出口商品的价格不但反映进出口商品价值的高低，还涉及交易双方的风险、责任、费用和义务，要比国内贸易中商品的价格更加复杂。

第一节　价格

一、价格概述

(一)价格的含义

价格(price)一般指进行交易时，买方所需要付出的代价或款项。

按照经济学的严格定义，价格是商品同货币交换比例的指数，或者说，价格是价值的货币表现，是商品的交换价值在流通过程中所取得的转化形式，是一项以货币为表现形式，为商品、服务及资产所订立的价值数字。

在物物交换的时代,不存在价格的概念。当一般等价物或者说货币产生的时候,价格才随之产生。

在微观经济学中,资源在需求和供应者之间重新分配的过程中,价格是重要的变数之一。

价值的变动是价格变动的内在的、支配性的因素,是价格形成的基础。但是,由于商品的价格既是由商品本身的价值决定的,也是由货币本身的价值决定的,因而商品价格的变动不一定反映商品价值的变动,例如,在商品价值不变时,货币价值的变动就会引起商品价格的变动;同样,商品价值的变动也并不一定就会引起商品价格的变动,例如,在商品价值和货币价值按同一方向发生相同比例变动时,商品价值的变动并不引起商品价格的变动。因此,商品的价格虽然是表现价值的,但是,仍然存在着商品价格和商品价值不相一致的情况。在简单商品经济条件下,商品价格随市场供求关系的变动,直接围绕它的价值上下波动;在资本主义商品经济条件下,由于部门之间的竞争和利润的平均化,商品价值转化为生产价格,商品价格随市场供求关系的变动,围绕生产价格上下波动。

(二)价格的职能

1. 标度职能

标度职能即价格所具有的表现商品价值量的度量标记。在商品经济条件下,劳动时间是商品的内在价值尺度,而货币是商品内在价值尺度的外部表现形式。货币的价值尺度的作用是借助价格来实现的,价格承担了表现社会劳动耗费的职能,成为从观念上表现商品价值量大小的货币标记。

2. 调节职能

调节职能即价格所具有的调整经济关系、调节经济活动的功能。由于商品的价格和价值经常存在不相一致的情况,价格的每一次变动都会引起交换双方利益关系的转换,因而使价格成为有效的经济调节手段和经济杠杆。

3. 信息职能

信息职能即价格变动可以向人们传递市场信息,反映供求关系变化状况,引导企业进行生产、经营决策。价格的信息职能,是在商品交换过程中形成的,是市场上多种因素共同作用的结果。

4. 表价职能

表价职能就是价格表现商品价值的职能。表价职能是价格本质的反映,它用货币形式把商品内含的社会价值表现出来,从而使交换行为得以顺利实现,同时也向市场主体提供和传递了信息。商品交换和市场经济越发达,价格的表价职能越能得到充分体现,也越能显示出其重要性。

5. 核算职能

核算职能是指通过价格对商品生产中企业乃至部门和整个国民经济的劳动投入进行核算、比较和分析的职能,它是以价格的表价职能为基础的。我们知道,具体的劳动和不同商品的使用价值是不可综合的,也是不可进行比较的。价格的核算职能不仅为企业计算成本和核算盈亏创造了可能,而且也为社会劳动在不同产业部门、不同产品间进行合理分配,提供了计算工具。

6.分配职能

分配职能是指它对国民收入再分配的职能,它是由价格的表价职能和调节职能派生出来的。国民收入再分配可以通过税收、保险、国家预算等手段实现,也可通过价格这一经济杠杆来实现。当价格实现调节职能时,它同时也已承担了国民经济收入企业和部门间的再分配职能。

(三)价格的作用

价格的作用是价值规律作用的表现,是价格实现自身消费者价格指数功能时对市场经济运行所产生的效果,是价格的基本职能的外化。

在市场经济中,价格的作用主要有:

1.价格是商品供求关系变化的指示器

借助于价格,可以不断地调整企业的生产经营决策,调节资源的配置方向,促进社会总供给和社会总需求的平衡。在市场上,借助于价格,可以直接向企业传递市场供求的信息,各企业根据市场价格信号组织生产经营。与此同时,价格的水平又决定着价值的实现程度,是市场上商品销售状况的重要标志。

2.价格水平与市场需求量的变化密切相关

一般来说,在消费水平一定的情况下,市场上某种商品的价格越高,消费者对这种商品的需求量就越小;反之,商品价格越低,消费者对它的需求量也就越大。而当市场上这种商品的价格过高时,消费者也就可能作出少买或不买这种商品,或者购买其他商品替代这种商品的决定。因此,价格水平的变动起着改变消费者需求量、需求方向,以及需求结构的作用。

3.价格是实现国家宏观调控的一个重要手段

价格所显示的供求关系变化的信号系统,为国家宏观调控提供了信息。一般来说,当某种商品的价格变动幅度预示着这种商品有缺口时,国家就可以利用利率、工资、税收等经济杠杆,鼓励和诱导这种商品生产规模的增加,从而调节商品的供求平衡。价格还为国家调节和控制那些只靠市场力量无法使供求趋于平衡的商品生产提供了信息,使国家能够较为准确地干预市场经济活动,在一定程度上避免由市场自发调节带来的经济运行的不稳定,或减少经济运行过程的不稳定因素,使市场供求大体趋于平衡。

二、进出口商品的价格

进出口商品价格是指对外贸易中所实行的价格,包括本国运销于外国的出口商品价格和国外运销于本国的进口商品价格。

(一)进出口商品价格的制约因素

进出口商品价格在现实的形成过程中,首先受国际市场价格的制约。国际市场价格是在国际贸易中具有代表性的商品成交价格,这种价格的形成主要是价值规律在国际范围内发挥作用的反映。在一国范围内,一定商品的价值量决定于该国生产商品所耗费的社会必要劳动时间,在国际市场上,一定商品的价值量决定于各不同国家的平均劳动强度所耗费的社会必要劳动时间,即"世界劳动的平均单位"。不同国家内生产一定商品的市场价值,在国际市场范围内只能视为个别价值,它可能高于或低于国际价值。各国确定进出口商品价格时,就必须以国际价值为主要依据,研究并参照国际市场价格的水平及其变化,作出决策。

在进出口贸易的实务中,国际市场价格具体是指在国际贸易中所形成的一定商品的集散地的价格,或在一定商品的国际贸易中占决定地位的进口或出口国家的价格。由此而形成的各种商品的国际市场价格,往往高于或低于国际价值,并处于频繁涨跌的运动过程中。国际市场价格的涨跌,除了受世界范围内生产一定商品的科学技术发展水平和劳动生产率提高状况的直接制约外,同时还要受国际贸易中商品供求变化、竞争状况以及垄断因素等的重大影响。因此,进出口价格的形成,是与以上的各种因素的作用密切联系着的。

作为一国的进出口商品价格,其形成还必然受本国的一些重大因素的制约。国内有关商品的供需状况、国内市场的价格水平以及政府的对外贸易政策,都从不同方面不同程度地影响着一国进出口商品价格的高低。进出口贸易中计价外币的选择,也直接关系到进出口贸易的收益,影响着进出口价格。有关计价外币的汇率涨跌会直接引起进出口商品价格的波动,因此一般在出口收汇时和进口业务中,需要根据汇率变化及时制订或调整进出口价格,并选择有利于本国的计价货币。

进出口商品价格的形成是各种错综复杂因素作用的集中反映,其中,国际市场价格是主导作用的因素,有关国家本国内的各种影响因素,在不同商品的进出口贸易中也起着不同程度的制约作用。因此,进出口价格在一般情况下可以与国际市场价格保持一致,但也可高于或低于国际市场价格,采取更利于本国的竞争性价格。

(二)进出口商品价格的分类

进出口商品价格分为出口价格和进口价格。

出口价格是指在正常贸易中一国向另一国出口的某一产品的价格,即出口经营者将产品出售给进口经营者的价格。

进口价格是指进口商从国外购进商品时所支付的金额。

第二节　进出口商品价格组成要素

商品价格分为总价(total value)和单价(unit price)。总价也称总额(total amount),是用单价乘以商品总数量得出的,即一笔交易的货款总金额。国际贸易中商品单价与国内贸易不同,它包含四个部分,即计价货币、单价金额、计量单位和贸易术语。如:

USD	50	/件	FOB上海
计价货币	单价金额	计量单位	贸易术语

一、计量单位和计重方法

在国际货物贸易中,由于商品的种类、特性和各国度量衡制度不同,故计量单位和计量方法也多种多样。了解各种度量衡制度,熟悉各种计量单位的特定含义和计量方法,是外贸从业人员必须具备的基本常识和技能。一般说来,单价中的计量单位必须与总数量所用单位一致。

(一)计量单位

计量单位是指为定量表示同种量的大小而约定定义和采用的特定量。

各种物理量都有它们的量度单位,并以选定的物质在规定条件显示的数量作为基本量度单位的标准,在不同时期和不同的学科中,基本量的选择可以不同。如物理学上以时间、长度、质量、热力学温度、电流强度、发光强度、物质的量这7个物理单位为基本量,它们的单位名称依次为:秒、米、千克、开尔文、安培、坎德拉、摩尔。

国际贸易中使用的计量单位很多,究竟采用何种计量单位,除主要取决于商品的种类、特点外,还取决于贸易习惯和交易双方的意愿。

1.计量单位的确定方法

国际货物贸易中不同类型的商品,需要采用不同的计量单位。通常使用的有以下六种:

(1)按重量计量。

常用的计量单位有公吨、长吨、短吨、公斤等,主要适用于初级产品(如大米、花生、煤、铁矿)以及部分工业制成品。

(2)按数量计量。

常用的数量单位有件、双、套等,主要适用于日用消费品、轻工产品、机械产品以及部分土特产品,如文具、纸张、车辆、活牲畜等。

(3)按长度计量。

常用的长度计量单位有米、英尺、码等,主要适用于金属、绳索、丝绸、布匹等商品。

(4)按体积计量。

常用的体积计量单位有立方米、立方英尺、立方码等,适用于木材、化学气体、砂石等商品。

(5)按面积计量。

常用的面积计量单位有平方米、平方英尺、平方码等,适用于玻璃、地毯等商品。

(6)按容积计量。

常用的容积计量单位有公升、加仑、蒲式耳等,适用于谷物以及液体、气体,如小麦、玉米、汽油、酒精、啤酒等商品。

2.国际贸易中的度量衡制度

目前,国际贸易中常用的度量衡制度有国际单位制、公制、英制和美制四种。国际单位制有长度单位米、重量单位千克、时间单位秒、电流单位安培、热力学温度的单位开尔文、物质的量的单位摩尔、发光强度单位坎德拉等七个基本单位。我国采取的是以国际单位制为基础的法定计量单位。度量衡制度不同,使用的计量单位也不同。例如:表示重量的单位公制单位为公吨,英制单位为长吨,美制单位为短吨。1公吨＝1.016长吨＝0.907短吨。因此,了解各种不同度量衡制度下各计量单位的含义及其计算方法是十分重要的。

(二)计算重量的方法

按照国际贸易商业习惯,计重方法有下列几种:

1.毛重(gross weight)

毛重指商品本身的重量加包装的重量。一般适用于低值商品,如麻袋装的大米、蚕豆等。以毛重作为计算价格和交付货物的计量基础,这种计重方法被称为"以毛作净"(gross for net)。在规定数量时,需明确规定"以毛作净",同时在规定价格时,也应加注此条款。例如:大米每公吨500美元FOB shanghai,以毛作净。如无此规定则按净重计量。

2.净重(net weight)

净重是国际贸易中最常见的计重方法。净重是指除去包装后商品自身的重量,不含包装的重量。即净重＝毛重－皮重。

在采用净重计算时,如何计算皮重,国际上有下列几种做法:

(1)按实际皮重计算。按实际皮重计算是指将整批商品的包装逐一过秤,得出每件商品的重量和总重量。

(2)按平均皮重计算。按平均皮重计算是指从全部商品中抽取几件,称其包装的重量,除以抽取的件数,得出平均数,再以平均每件的皮重乘以总件数,算出全部的包装重量。

(3)按习惯皮重计算。按习惯皮重计算是指用市场公认的规格化包装计算皮重,即用标准单件皮重乘以总件数。

(4)按约定皮重计算。按约定皮重计算是指按买卖双方事先约定的皮重作为计算基础。

3.公量

国际货物贸易中的棉花、羊毛、生丝等商品有较强的吸湿性,其所含水分受客观环境的影响较大,故其重量很不稳定。为了准确计算这类商品的重量,国际上通常采用按公量计算的方法,即以商品的干净重(指烘干水分后的净重)加上国际公定回潮率与干净重的乘积所得出的重量。其计算公式有以下两种:

$$公量 = 商品干净重×(1＋公定回潮率)$$

$$公量 = 商品净重×\frac{1＋公定回潮率}{1＋实际回潮率}$$

计算重量的方法,除毛重、净重、公量外,还有理论重量和法定重量等。

二、单价金额

单价金额是价格条款中的核心部分。在交易磋商中,双方要就单价金额协商一致,写入合同的价格条款中,避免蒙受不应有的损失。

三、计价的货币

国际贸易中,计算价格时应写明使用的货币币种,如美元、欧元、日元、加拿大元、港元等。比如:每公斤玉米 0.25 美元,不应只写元。我国出口贸易中大多使用美元作为计价单位。另外,我们在出口时争取使用"硬币"(指将来升值的货币),进口时争取使用"软币"(指将来贬值的货币)。作为交易的当事人,在选用计价货币时,必须考虑将来汇价的走势。

小卡片

主要币种

美元(USD)	奥地利先令(ATS)	港元(HKD)
加拿大元(CAD)	澳门元(MOP)	意大利里拉(ITL)
德国马克(DEM)	欧元(EUR)	瑞士法郎(CHF)
荷兰盾(NLG)	新西兰元(NZD)	日元(JPY)
新加坡元(SIN)	英镑(GBP)	法国法郎(FRF)
澳大利亚元(AUD)	丹麦克郎(DKK)	瑞典克郎(SEK)
比利时法郎(BEC)	马来西亚林吉特(MYR)	

四、贸易术语

贸易术语是用来表示商品的价格构成,说明交货地点,确定风险、责任、费用划分等问题的专门用语,是进出口单价构成的必要要素。如报价以每公吨小麦 200 美元 CIF 纽约出口商品,包括了成本价、国际运费和国际保险费用。

第三节 国际贸易惯例

贸易术语是在长期的国际贸易实践中产生的。它是用一个简短的概念或 3 个字母的缩写来表示商品的价格构成,说明交货地点,确定风险、责任、费用划分等问题的专门用语。它的出现和广泛应用,对于简化交易手续、缩短洽商时间和节省费用开支,都发挥了重要的作用。经过努力,国际法协会、国际商会等国际组织分别制定了多套解释贸易术语的惯例。

目前,在国际贸易上影响较大的有关贸易术语的国际贸易惯例主要有以下 3 个:

1.《1932 年华沙—牛津规则》(Warsaw-Oxford Rules 1932)

《1932 年华沙—牛津规则》是国际法协会专门为解释 CIF 合同而制定的。这一规则对于 CIF 合同的性质、买卖双方所承担的风险、责任和费用的划分以及所有权转移的方式等问题都做了比较详细的解释。

2.《1941 年美国对外贸易定义修订本》

1919 年,美国国内的 9 个商业团体,以美国贸易中习惯使用的 FOB 价格条件为基础,制定了《美国出口报价及其缩写条例》(The U. S Export Quotation and Abbreviations)。后来,于 1941 年在美国第 27 届全国对外贸易会议上对该条例进行了修订,并修改为《1941 年美国对外贸易定义修订本》。《1941 年美国对外贸易定义修订本》在同年为美国商会、美国进口商协会和全国对外贸易协会所采用,该修订本对下列 6 种贸易术语进行了解释:

(1)Ex Point Origin(Ex)—— 产地交货;

(2)Free on Board(FOB)—— 在运输工具上交货;

(3)Free Along Side(FAS)—— 在运输工具旁边交货;

(4)Cost & Freight(C&F)——成本加运费;

(5)Cost,Insurance and Freight(CIF)——成本加保险费、运费;

(6)Ex Dock(Ex Dock)——目的港码头交货。

在这 6 个贸易术语中,除产地交货(Ex)和目的港码头交货(Ex Dock)分别与《国际贸易术语解释通则》中的工厂交货(EXW)和目的港码头交货(DEQ)大体相近外,其他 4 种与《国际贸易术语解释通则》相应的贸易术语的解释有很大的差异。在对 FOB 的解释中又将其细分为 6 种情况,只有第 5 种情况 FOB Vessel 与《国际贸易术语解释通则》对 FOB 的解释基本一致,所以,在与北美自由贸易区以及其他美洲国家进行交易选择贸易术语时,应加以注意。

3.《国际贸易术语解释通则》(International Rules for the Interpretation of Trade Terms, 缩写为 INCOTERMS)

《国际贸易术语解释通则》(以下简称《通则》),是国际商会为统一各种贸易术语的解释于 1939 年制定的,后来经过了多次修改和补充。

国际商会（ICC）重新编写的《2010年国际贸易术语解释通则》（INCOTERMS® 2010，2010通则），是国际商会根据国际货物贸易的发展，对《2000通则》的修订，于2010年9月27日公布，2011年1月1日开始全球实施。《2010通则》较《2000通则》更准确表明各方承担货物运输风险和费用的责任条款，使船舶管理公司更易理解货物买卖双方支付各种收费时的角色，有助于避免现在经常出现的码头处理费（THC）纠纷。此外，新通则亦增加大量指导性贸易解释和图示，以及电子交易程序的适用方式。

因为国际贸易惯例本身不是法律，对国际贸易当事人不产生必然的强制性约束力。国际贸易惯例在适用的时间效力上并不存在"新法取代旧法"的说法，即《2010通则》实施之后并非《2000通则》就自动废止，当事人在订立贸易合同时仍然可以选择适用《2000通则》甚至《1990通则》。

相对《2000通则》，《2010通则》主要有以下变化：

(1)13种贸易术语变为11种；

(2)贸易术语分类由四级变为两类；

(3)使用范围扩大至国内贸易合同；

(4)电子通信方式被《2010通则》赋予完全等同的功效。

使用贸易术语过程中需注意国际贸易惯例的性质：

(1)惯例本身不是法律，对当事人不具有强制性或法律约束力。

(2)惯例的采纳与适用以当事人的意思自治为基础（买卖双方在合同中做出某些与惯例不符的规定，只要合同有效成立，双方都要遵照合同的规定履行义务，一旦发生争议，法院和仲裁机构也要维护合同的有效性）。

国际贸易惯例使用过程中，当买卖双方发生争议时，如果合同的规定与惯例矛盾，则法院或仲裁机构以合同的规定为准；如果合同的规定与惯例不抵触，则法院或仲裁机构以国际惯例的规定为准；如果合同中明确规定采用某种惯例，则这种惯例就有其强制性。

第四节 《2010年国际贸易术语解释通则》中的贸易术语

《2010年国际贸易术语解释通则》中的贸易术语共有11个，现分别就11个贸易术语的基本含义和主要内容进行说明。

一、最常用的三个贸易术语

在十一个术语中最常用的是FOB、CFR、CIF三个术语，其中FOB为最基本的术语。此三个术语主要内容概括如下：

FOB，Free On Board（… named port of loading），称为装运港船上交货（……指定装运港）。卖方在办理完出口许可手续和报关手续后，在规定的期限内将货物交至买卖双方约定的装运港，装上买方指定的船舶上，以取得已在船上交付的货物的方式交货且及时向买方发出装船通知并将运输单据及时交给买方，即完成交货义务。

买方的基本义务是租船订舱，将船只及时发运到起运港接货并给卖方发出装船须知，以便卖方接船装货。在卖方装船完毕后，买方一收到卖方发的装船通知后即进行投保。其风险自货物在装运港装上船时即开始转移至买方，买方承担货运途中发生的一切风险和费用，包括绕航费、在避难港的卸船费和修理费等。此术语只适用于海运或内河运输。

CFR，Cost and Freight（… named port of destination），即成本加运费（……指定目的港），是指在买方租船订舱有困难或不想租船订舱时，则向卖方发出请求，让卖方在出口地代为办理租船订舱事宜，则由 FOB 术语改为 CFR 术语。CFR 术语是卖方在装运港替买方租船订舱并将货交到船上或以取得货物已装船证明的方式完成其交货义务。货物灭失或损坏的风险在货物交到船上时转移。卖方支付从起运港到目的港的运费，包括装船费用以及班轮公司在订约时收取的卸货费用。之后的风险由买方负担。但从装运港至目的地的货运保险仍由买方负责办理，保险费由买方负担。其他与 FOB 条件下买卖双方责任一样。另外，卖方要提交商业发票以及合同要求的其他单证。

CIF，Cost，Insurance and Freight（……named port of destination），即成本加保险费、运费（……指定目的港）。此术语在 CFR 的基础之上，不但将租船订舱的责任转移至了卖方，还将投保的责任也转移至了卖方，则卖方需在装运港装船前进行投保并将货物装上船，即完成交货任务。但不论租船订舱还是投保都是替买方办理的，属代办性质。因卖方不承担装船后的风险，其风险是由买方承担；但卖方需承担自起运港至目的港的国际运费和保险费，其他费用由买方负担。使用 CFR 术语时因卖方租船订舱，买方投保，有时会因投保不及时而出现保险空缺，所以选用 CIF 术语可避免这种风险。

从上述可以看出，这三个术语的风险转移界限均为装运港船上。只不过 FOB 是买方办理运输又办理保险；CFR 是卖方办理运输（代办），买方办理保险；而 CIF 为卖方既办理运输（代办）又办理保险（代办）。只不过是 CFR 术语的运输费用延至目的港，CIF 术语的运输费用和保险费用延至目的港，但风险与 FOB 相同，都在货交装运港船上转移。因此，这三个术语风险转移界限相同，只是包含的费用和承担的责任不同。

在选用这三个术语时，FOB 术语有时是在买方未付货款时，卖方就将货物装上买方的船上，因对承运人不了解，会有货、款两空的风险。而 CIF 术语是卖方自己找承运人自己投保，当买方不付款时，货权仍掌握在卖方手中，与 FOB 术语相比，CIF 术语更安全放心。而 CFR 术语货权在卖方手中，保险单项下索赔权在买方手中，运输中一旦出现风险要索赔，则必须将两权合到一方手中。另外，从收汇角度考虑，因增加了运费和保险费，CIF 比 FOB 收汇多，因此，出口一般选择 CIF 术语，而进口选择 FOB 术语。

二、FAS 术语

了解 FOB 后，可以类推出 FAS 术语。FAS 术语为 Free Alongside Ship（… named port of ship），即装运港船边交货（……指定目的港）。只要将 FOB 术语的风险往前推至装运港船边（如置于码头或驳船上时），即为 FAS 术语。FAS 术语其他内容与 FOB 相同，为买方租船订舱并办理保险。卖方需将货物交至指定的装运港船边并通知买方，即完成交货。买方必须承担自货交船边后货物灭失或损坏的一切风险。

三、FCA、CPT、CIP 术语

在运输时，有时使用滚装船或集装箱，或不适用海运或内河运输时，卖方无法满足将货物交到船上而转移风险的要求，而只能将货物交给承运人负责装货，此时可选用货交承运人的术语，如 FCA、CPT 和 CIP。

（一）FCA、CPT、CIP 术语的含义

FCA，Free Carrier（…named place of delivery），即货交承运人（……指定地点），是指卖方只要将货物在指定地点交给由买方指定的承运人，并办理出口清关手续，即完成交货。FCA术语是买方负责办理运输，找好承运人，并负责办理保险，与 FOB 术语类似。

CPT，Carriage Paid to（…named place of destination），即运费付至（……指定目的地）。《2010 通则》规定 CPT 术语指卖方向其指定的承运人交货，但卖方还须支付将货物运至目的地的运费，即买方承担交货之后的一切风险和其他费用。CPT 术语是卖方负责办理运输（代办），找好承运人，而买方办理保险，且卖方需支付将货物运至指定目的地的运费，与 CFR 术语类似。

CIP，Carriage and Insurance Paid to（…named place of destination），即运费和保险费付至（……指定目的地）。《2010 通则》规定 CIP 术语指卖方向其指定的承运人交货，但卖方还须支付将货物运至目的地的运费和保险费，即买方承担交货之后的一切风险和其他费用。CIP 术语是卖方既负责办理运输（代办）寻找承运人，又办理保险（代办），且卖方也需支付将货物运至目的地的运费和保险费，与 CIF 术语类似。

（二）FCA、CPT、CIP 与 FOB、CFR、CIF 的比较

FCA、CPT、CIP 三个术语均称为货交承运人术语，与 FOB、CFR、CIF 相似但又有不同点，其不同点具体见表 1-1。

表 1-1　FCA、CPT、CIP 与 FOB、CFR、CIF 的不同点

	FCA、CPT、CIP	FOB、CFR、CIF
运输方式	适合各种运输，包含水运、多式联运	只适合水运
风险转移界限	货交承运人	货交装运港船上
程租船的装卸费用	不存在此费用划分，均由承运人负担	用术语变形规定
运输单据	不同运输方式，不同的单据，均为收妥待运单据	已装船海运提单

除了上述的不同点之外，货交承运人术语与装运港交货术语相比，其还存在以下优势：

1. 使用范围广

货交承运人术语适合于各种运输方式，包括海运、陆运、空运、邮运和多式联运，尤其是出口方处于内地时，选择货交承运人术语更方便。

2. 风险转移时间提前

出口方将货物交给起运地承运人接管时，货物风险就转移至买方，无需交到运输工具上，因此，货交承运人术语比货运港交货术语风险转移得早。

3. 承担费用降低

卖方将货交给指定的承运人即完成交货任务，所以卖方不承担货物运至装运港的费用。因此，货交承运人术语比装运港交货术语承担的费用降低了。

4. 卖方收汇时间提前

卖方货交承运人后，凭其签发的运输单据即可交单结汇。因此，货交承运人术语结汇时间提前。

(三)如何选用这两组术语以规避风险

这两组术语中,选择合适的术语,有时会降低卖方承担的风险。

【案例1-1】 陕西省西安市某服装进出口公司向欧洲出口衣服1000箱,FOB上海成交,货值为500000欧元,装运期为最迟2014年11月30日,货物用集装箱装。该公司将货物于2014年11月上旬运到了上海,并存到仓库中待装集装箱后装船。不料货物在存仓后的第二天就因仓库着火全部被烧毁,出口公司无奈只好重新补发1000箱衣服。

案例分析:本案例是在装运港等待装船时货物被毁,如选用货交承运人的FCA术语,则可避免此案经济损失。因FCA术语只需将货物在西安或上海交给承运人即可转移风险。如承运人接管货物后,在装运港存仓待装运时货物受损,由买方承担损失。卖方可凭交货的运输单据进行收汇。可见,选用恰当的术语直接关系到交易双方的经济利益。

四、其他术语

其他术语主要有:EXW、DAT、DAP和DDP。

1. EXW

EXW,EX Works(…named place),即工厂交货(……指定交货地)。

《2010通则》规定EXW术语指卖方在其所在地或指定的地点(如工厂、矿山或仓库等)将货物交给买方处置时,即完成交货。卖方不需要将货物装上任何前来接货的运输工具,也无须办理出口清关手续。卖方只需将货物处于合同项下,即按合同规定的包装和数量备货,并与其他货物分开存放,风险即转移到了买方。买方需自己办理出口报关手续,运走货物并承担路上一切风险。

2. DAT

DAT,Delivered at Terminal(…named terminal at port of destination),即运输终端交货(……指定港口或目的地的运输终端)。

《2010通则》规定DAT术语指当卖方在指定港口或目的地指定运输终端将货物从抵达的载货运输工具上卸下,交由买方处置时,即完成交货。卖方承担运送过程中及卸下货物的一切风险。"运输终端"意味着任何地点,而不论该地点是否有遮盖,例如码头、仓库、集装箱堆场或公路、铁路、空运的货运站等。

3. DAP

DAP,Delivered at Place (…named port of destination),即目的地交货(……指定目的地)。

《2010通则》规定DAP术语指当卖方在指定目的地将处于抵达的运输工具上,且已做好卸货准备的货物交由买方处置,即完成交货。卖方承担将货物运送到指定地点的一切风险。

4. DDP

DDP,Delivered Duty Paid (…named place of destination),即完税后交货(……指定目的地)。

《2010通则》规定DDP术语指当卖方在指定目的地,将仍处于抵达的办理交货运输工具上,已完成进口清关,且已做好卸货准备的货物交买方处置时,即完成交货。DDP术语是由卖方自行办理进口报关手续并交纳进口国各种税费,如关税、手续费和其他费用。卖方全程负责各种风险和费用,并将货物运至指定目的地的运输工具上。

五、十一种术语总结

为了更好识记和学习,对十一种术语进行区分和选择,并将十一种术语进行归纳总结。根据各术语的特点及其相同点,现将它们画在一个坐标轴上来反映,使其更加直观简明,以加深对十一种贸易术语的理解并能更好地运用。

(一)数轴的构建过程

1.步骤一

将十一种术语放在一根横坐标轴上,此轴为卖方的风险轴,从左至右卖方风险越来越大。又因为十一种术语的运输方式分为两种,此轴将界面分为上下两个界面,将适合各种运输方式的术语放于数轴上方,将只适合水运的术语放于数轴的下方。

2.步骤二

EXW 术语是卖方风险最小的术语,所以放于数轴最左边,且它适合各种运输方式,所以位于数轴上方,其风险点为卖方工厂。

3.步骤三

向右一段距离为 FOB 术语,因 FOB 术语只适合水运,所以位于数轴的下方,其风险点为装运港船上。另外,CFR、CIF 术语与 FOB 术语风险相同,都为装运港船上,所以分别列于FOB 术语下方。

4.步骤四

FCA 术语为货交承运人术语,风险比 FOB 术语转移得早,所以将 FCA 术语放在 EXW 术语和 FOB 术语之间。又因它适用于各种运输,所以应位于坐标轴的上方。另外,CPT、CIP 术语虽费用与 FCA 术语不同,但它们的风险一样,即货交承运人,因此,将 CPT、CIP 术语分别放在 FCA 术语的上方。

5.步骤五

FAS 术语的风险比 FOB 术语转移得早,在货交装港船边,但比货交承运人术语风险转移得晚,所以将 FAS 术语放于 FOB 术语前 FCA 术语后,在二者之间。又因为它只适合水运,所以位于数轴下方。

6.步骤六

为了更好地区分十一种术语,在数轴中间 FOB 术语后划一根竖坐标轴,称为国界线。在国界线左边为出口国,右边为进口国。EXW、CIP、CPT、FCA、FAS、FOB、CFR 和 CIF 等 8 个术语交货地均在出口国,所以都放在国界线左边。而 DAP、DAT、DDP 术语都在买方所在国交货,所以均放在国界线的右边。

(1)DAP 术语。DAP 术语是指定目的地运输工具上交货的术语,且适合各种运输方式,因此,它列在国界线的右侧,风险轴的上方,风险点为最终目的地运输工具上。

(2)DAT 术语。DAT 术语风险点在指定港口或目的地运输终端下,适合各种运输方式。卖方要承担将货卸下的风险,所以 DAT 术语比 DAP 术语风险转移得晚。因此,将 DAT 术语列在 DAP 术语的右边,风险轴上方。

(3)DDP 术语。DDP 术语是卖方交纳进口的税费且自担风险办理进口报关手续,其风险转移点为指定目的地运输工具上。因此,DDP 术语是卖方承担风险最大的术语。故将 DDP 术语放在 DAT 术语的右边。由于 DDP 术语适合各种运输方式,因此将 DDP 术语放在风险轴的上方。

(二)十一种术语总结

按照上述步骤用坐标轴对十一种术语进行排列,画出图 1-1。并从各方面对十一种术语进行总结归纳如下:

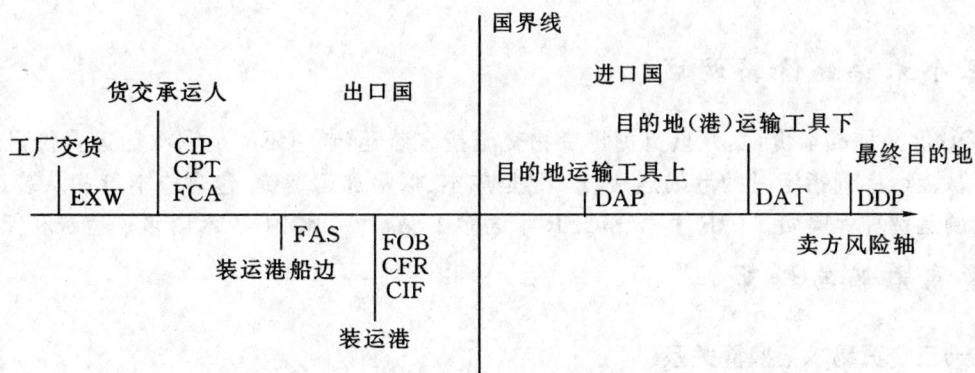

图 1-1　十一种术语结构图

(1)出口国交货术语为国界线左边的术语有:EXW、FCA、CPT、CIP、FAS、FOB、CFR、CIF;进口国交货术语为国界线右边的术语有:DAP、DAT、DDP。

(2)风险轴下方为只适合水运的术语有:FAS、FOB、CFR、CIF;风险轴上方为适合各种运输方式的术语有:EXW、FCA、CPT、CIP、DAP、DAT、DDP 七个术语。

(3)FOB、CFR、CIF 和 FCA、CPT、CIP 六个术语为象征性交货术语,即卖方交单表示交货,不保证到货。剩下的 EXW、FAS 和 D 组三个术语 DAP、DAT、DDP 均为实际交货术语,即卖方必须保证货运至指定交货地。实际性交货(physical delivery)是指卖方将货物实际交给买方或其代理人,即对货物的占有方式可以直接而实际地转移给买方的交货方式。卖方只有将货物置于买方的控制之下才算完成交货。因此,买方是凭货物付款。象征性交货(symbolic delivery)是指卖方只要按期在约定地点完成装运,并提交合同规定的包括物权凭证在内的全套合格的单据,就算完成了交货义务,卖方就有权要求凭单付款,而不论货物是否抵达目的港。反之,如果卖方所交的单据不符合要求,即使货物完好无损地抵达目的港,买方仍有权拒绝付款。

(4)数轴上十一个术语,只有 EXW 术语是买方办理出口清关手续并缴费的术语,位于数轴最左边。只有 DDP 术语是卖方办理进口清关手续并交纳进口税费的术语,位于数轴最右边。其他九种术语均为卖方办理出口清关手续,买方办理进口清关手续。

图 1-1 是识记和区分十一种贸易术语的法宝,应时刻铭记在心。对于学外贸的新手,图 1-1 可清晰地弄清术语的主要内容,根据运输方式、风险的大小选择合适的术语,规避贸易风险,做好生意,减少经济损失。

第五节　国际贸易术语价格换算

在国际贸易中,贸易术语不同,其价格构成也不同,主要涉及运费、保险费和佣金等问题。

在国际贸易中,出口商对外报价常采用三个术语,即 FOB、CFR、CIF。如出口商以 FOB 报价,但进口商却要求改报 CFR 价,则须加上运费;如出口商报 CIF 价,又因要给中间商支付佣金,需将原净价改报成含佣价 CIFC。如中间商对佣金不满意,还需对佣金率高低进行调整,如由 CIFC3 改报为 CIFC5 价。对于外贸从业人员而言,熟练掌握各贸易术语的核算至关重要。

一、三个术语的价格构成

FOB 价又称成本价,卖方只负责将货物交至指定装运港。CFR 是成本加运费价,比 FOB 价多了从装运港到指定目的港的运费。CIF 是成本、保险加运费价,包含成本价和从装运港到目的港的运费和保险费。CIF 术语比 CFR 术语多了保险费,比 FOB 术语多了运费和保险费。

二、贸易术语的换算

(一)三个贸易术语换算关系

1. 已知 FOB 价时求 CFR 和 CIF

从上面对三个术语的价格构成进行分析,可知三个术语的换算关系为:

$$CFR = FOB + 国际运费 F$$

$$CIF = CFR + 保险费 I = FOB + 国际运费 F + 保险费 I$$

式中:F 指运费 Freight;I 指保险费 Insurance。

又由于保险费=CIF 价×(1+投保加成率)×保险费率,所以 CIF=CFR+ CIF×(1+投保加成率),则

$$CIF = \frac{CFR}{1-(1+投保加成率)\times 保险费率}$$

即

$$CIF = \frac{FOB + 运费 F}{1-(1+投保加成率)\times 保险费率}$$

式中:投保加成率指国际贸易出口投保时需按投保金额多加一定百分比以保证利益不受损失。一般多加 10%的投保加成率;保险费率指投保时保险公司按保险金额征收一定百分比的保险费用,其百分比为保险费率。

【例 1-1】　某批 CIF 总金额为 USD30000 货物,投保一切险(保险费率为 0.6%)及战争险(保险费率为 0.03%),保险金额按 CIF 总金额加 10%。问:(1)若发生了保险公司承保范围内的损失,导致货物全部灭失,保险公司的最高赔偿金额是多少? (2)该货主应交纳多少保险费?

解:

根据保险的基本原则,保险公司的最高赔偿金额为:

赔偿金额=CIF 价×(1+投保加成率)

$$=30000\times(1+10\%)$$
$$=33000（美元）$$
$$保险费=CIF价\times(1+投保加成率)\times保险费率$$
$$=30000\times(1+10\%)\times(0.6\%+0.03\%)$$
$$=207.9（美元）$$

2. 由 CFR 推 FOB 和 CIF

CFR 已知时，可推出 FOB 和 CIF，其计算公式如下：

$$FOB=CFR-国际运费F$$
$$CIF=\frac{CFR}{1-(1+投保加成率)\times保险费率}$$

【例 1-2】 上海某公司出口 1000 箱货物至科威特，每箱 USD50.00CFR 科威特。客户要求改报 FOB 上海价。该货物每箱尺码为 42 厘米×28 厘米×25 厘米，总毛重为 20000 千克。海运运费按 W/M（11 级）计。查出口地至科威特 11 级货基本运费为 70 美元，港口附加费为运费的 20%。试求 FOB 上海价。（要求写出计算公式及计算过程）

解：

由 CFR 推 FOB，则应先求运费，再求 CFR。

尺码吨：$0.42\times0.28\times0.25\times1000=29.4\mathrm{m}^3>20$ 吨

由于按 W/M 计算海运运费，故选择按 W 计算运费。

$$总运费=总尺码\times基本运费费率\times(1+港口附加费率)$$
$$=29.4\ 立方米\times70\ 美元/立方米\times(1+20\%)$$
$$=USD\ 2469.6$$

则每箱运费为 2.4696 美元。

故 $FOB=CFR-F=50-2.4696=USD\ 47.5304$

【例 1-3】 我国某商品对某国出口的 CFR 单价是 110 美元，如外商要求改报 CIF 价，在不影响外汇净收入的前提下，应如何报价？（注：按发票金额的 110% 投保，保险费率为 0.5%）

解：

$$CIF=\frac{CFR}{1-(1+投保加成率)\times保险费率}$$
$$=\frac{110}{1-(1+10\%)\times0.5\%}$$
$$=110.61（美元）$$

3. 由 CIF 推 FOB 和 CFR

已知 CIF 价时，可推出 FOB 和 CFR，其计算公式如下：

$$FOB=CIF\times(1-投保加成\times保险费率)-国际运费F$$
$$CFR=CIF\times(1-投保加成\times保险费率)$$

需注意的是，FOB、CFR、CIF 三个术语进行双向推导可以换另一种方法表示，即

$$FOB\longleftrightarrow CFR\longleftrightarrow CIF$$

（二）三个净价与其三个含佣价的换算关系

佣金（commission）是在国际贸易中由于中间商促成了买卖双方的交易而得到的报酬，往

往由卖方加到售价中以成交价向买方收取一定百分比,称为佣金率,一般在 3%~5% 之间。包含佣金的价格称为含佣价,如 CIFC3,表示包含 3% 佣金的含佣价。不含佣金的价格称为净价,表示为 FOB、CFR、CIF 等。当外商要求改报含佣价时,因佣金是按成交价计收的,即佣金=含佣价×佣金率,故含佣价需用净价加上佣金,即含佣价=净价+佣金=净价+含佣价×佣金率,因此得出下列公式:

$$含佣价 = \frac{净价}{1-佣金率}$$

将相应术语代入可得以下三个公式:

$$FOBC3 = \frac{FOB}{1-佣金率}$$

$$CFRC3 = \frac{CFR}{1-佣金率}$$

$$CIFC3 = \frac{CIF}{1-佣金率}$$

(三)同一术语含佣价佣金率改变时的换算

如果出口商报价为 FOBC5,外商要求改报另一佣金价 FOBC3,应如何报价呢?

首先,应由含佣价导出净价,再由净价算出另一含佣价。计算过程如下:

因为　　　　净价 FOB = 含佣价 FOBC5×(1−佣金率 5%)

又有　　　　$FOBC3 = \dfrac{FOB}{1-佣金率\ 3\%}$

由此两式可得

$$FOBC3 = \frac{含佣价\ FOBC5×(1-佣金率\ 5\%)}{1-佣金率\ 3\%}$$

同理,CFRC5 也可推导 CFRC3,即

$$CFRC3 = \frac{CFR}{1-佣金率\ 3\%}$$

$$= CFRC5×\frac{1-佣金率\ 5\%}{1-佣金率\ 3\%}$$

综上所述,可总结出同一术语、不同佣金率的含佣价互导的公式:

$$新含佣价 = 原含佣价×\frac{1-原佣金率}{1-新佣金率}$$

【例 1-4】　出口某商品报价 CIFC3 旧金山为 USD50/箱,外商要求改报 CIFC5,那么 CIFC5 应为多少?

解:

$$CIFC5 = CIFC3×\frac{(1-3\%)}{(1-5\%)} = 50×\frac{(1-3\%)}{(1-5\%)} = 51.05(美元)$$

(四)佣金率相同时三个含佣价术语的换算关系

1. FOBC5 推导 CFRC5

例如,外商要求将 FOBC5 上海价 USD50/件改报为 CFRC5,该如何报价?(已知从上海到目的地伦敦的运费为每件 USD2)

分析:FOBC5 属于含佣价,必须先找到其净价 FOB,而 CFRC5 也是含佣价,其净价为 CFR,而且由 FOB 可以推出 CFR,所以推导思路为

$$FOBC5 \rightarrow FOB \rightarrow CFR \rightarrow CFRC5$$

因为 $FOB = FOBC5 \times (1-5\%)$,又 $CFR = FOB + F$,$CFRC5 = \dfrac{CFR}{(1-5\%)}$,

所以

$$CFRC5 = \frac{CFR}{(1-5\%)} = \frac{(FOB+F)}{(1-5\%)}$$

$$= \frac{FOBC5 \times (1-5\%) + F}{(1-5\%)}$$

故

$$CFRC5 = \frac{FOBC5 \times (1-5\%) + F}{(1-5\%)}$$

$$= \frac{50 \times (1-5\%) + 2}{(1-5\%)}$$

$$= USD52.11$$

2. CFRC5 推导 CIFC5

由 CFRC5 推导 CIFC5 的思路为:

$$CFRC5 \rightarrow CFR \rightarrow CIF \rightarrow CIFC5$$

因为 $CFR = CFRC5 \times (1-5\%)$,又 $CIF = \dfrac{CFR}{[1-(1+投保加成率)\times 保险费率]}$,$CIFC5 = \dfrac{CIF}{(1-佣金率)}$,故

$$CIFC5 = \frac{CFRC5 \times (1-5\%)}{[1-(1+投保加成率)\times 保险费率]\times(1-佣金率)}$$

【例 1-5】 出口 100 箱货物至洛杉矶,每箱 USD80.00CFRC5 科威特。客户要求改报 CIFC5 上海价。已知加一成投保一切险和战争险,保险费率之和为 0.1%。应如何报价?

解:

(1)由 CFRC5 推 CFR:

$CFR = CFRC5 \times (1-5\%) = USD80 \times (1-5\%) = USD76$

(2)由 CFR 推 CIF:

$$CIF = \frac{CFR}{1-(1+投保加成率)\times 保险费率}$$

$$= \frac{76}{1-1.1\times 0.1\%}$$

$$= USD76.08$$

(3)由 CIF 推 CIFC5:

$$CIFC5 = \frac{CIF}{(1-5\%)} = \frac{USD76.08}{0.95} = USD80.08$$

因此,CIFC5 价为 USD80.08。

从上述三方面进一步归纳,三个含佣价之间也是可以推导的,有如下关系:FOBC5 → CFRC5 → CIFC5,也可以反推,将双向推导表示为:FOBC5 ←→ CFRC5 ←→ CIFC5。

三、九个术语的换算关系总结

上述九个术语之间都是有关系的,其中任意两个术语都可以找出联系,九个术语换算关系图如图1-2所示。

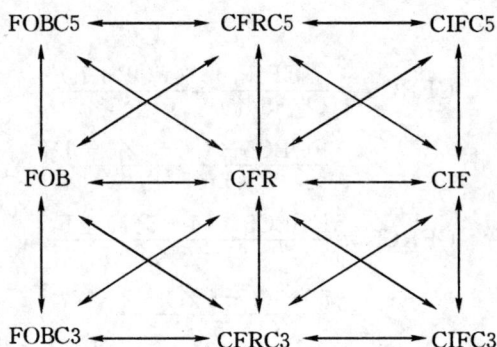

图1-2　九个术语换算关系图

(1)横向看。FOB可推CFR,CFR可推CIF,并且可以反推;FOBC3可推CFRC3,CFRC3可推CIFC3,并且可以反推;同样,FOBC5可推CFRC5,CFRC5可推CIFC5,并且可以反推。

(2)纵向看。FOB可推FOBC3和FOBC5,CFR可推CFRC3和CFRC5,CIF可推CIFC3和CIFC5,并且均可以反推。

(3)两边的也可以互推。FOB可推CIF,FOBC3可推CIFC3,FOBC5可推CIFC5,并且可反推。

(4)对角线的术语也可互推。FOB可推CFRC3和CFRC5,也可推CIFC3和CIFC5;并且都可以反推。CFR可推CIFC3、CIFC5、FOBC3和FOBC5,并且都可以反推。CIF可推CFRC3和CFRC5,也可推FOBC3和FOBC5,并且也都可以反推。

总之,上述九个术语之间都可以互相推导。

所以,在这个矩形图中,任意两个术语都可以换算。这九个术语编织成了一个网状图,进一步可形成一个圆形图。任意拿出两个术语,都有双向推导关系,都可写出相应的公式。对于外贸业务人员,可以根据实际业务进行改报相关贸易术语的价格。

需注意的是,各个术语之间如何互导问题有待解决。建议先对不含佣金的价格即净价的术语进行推算,寻找关系;再对含佣价的术语进行推导,找出其中联系;继而对佣金率改变时,含佣价的术语进行推算;最终达到其中任一术语可以改报另一术语的目的。

本章小结

本章主要对进出口价格中单价的四个组成部分进行介绍。国际贸易中单价包括单价金额、计价货币、计量单位、贸易术语。介绍贸易术语的同时简单介绍了三套国际贸易惯例,即《1932年华沙—牛津规则》《1941年美国对外贸易定义修订本》和《2010国际贸易术语解释通则》。引用的惯例不同,术语也不同。重点介绍了《2010国际贸易术语解释通则》中的十一种贸易术语,其中包含最常用的三个贸易术语,即FOB、CFR、CIF,并介绍了三个贸易术语及其含佣价互相换算的技巧。

课后练习

一、单选题

1.《1932年华沙—牛津规则》是有关（   ）的统一规则。

A. CFR 术语   B. FOB 术语   C. CIF 术语   D. EXW 术语。

2. 根据《INCOMTERMS2010》,C组共包括（   ）种贸易术语。

A. 二   B. 三   C. 四   D. 五

3. 只适用于水上运输的贸易术语有（   ）。

A. FCA   B. CPT   C. DDP   D. FOB

4. 出口商所承担的风险与货价有着（   ）的关系。

A. 不相关   B. 风险越大,价格越高

C. 风险越大,价格越低   D. 价格越低,风险越大

5. 国际贸易中,以CFR目的港价格术语成交出口货物,应由（   ）。

A. 买方租船订舱并办理保险   B. 卖方租船订舱并办理保险

C. 卖方租船并负担到目的港的运费,买方自办保险并负担保险费

6. 以CIF价格条件与外商达成一笔出口合同。当我方按规定制好全套单据提交买方时,获悉货物在海运途中全部灭失,在这种情况下（   ）。

A. 外商因货未到岸,可以不付款   B. 由我方向保险公司索赔

C. 外商仍应向我方付款赎单,并向保险公司索赔

7. FAS由（   ）办理出口报关手续。

A. 卖方   B. 买方

8. FCA与FOB交货地点和风险界限是（   ）。

A. 不同的   B. 相同的

9. 按照《1941年美国对外贸易定义修订本》解释,FOB纽约是指卖方（   ）。

A. 在纽约船上交货   B. 在纽约船边交货

C. 可在纽约市内任何地方交货

10. 在国际贸易中,最常见的贸易术语有FOB、CIF和CFR三种,按正常贸易做法,出口方按合同把一批货物装上船,这时（   ）。

A. 若该批货是采用CIF价格成交的,我出口方仍须负担其风险

B. 若该批货是采用FOB或CFR成交,我出口方仍须负担其风险

C. 不管采用哪种价格成交,我出口方都不负担其风险

二、多选题

1. 属于在出口国交货的贸易术语有（   ）。

A. DAT   B. EXW   C. CIF   D. FAS   E. DDP

2. 属于在进口国交货的贸易术语有（   ）。

A. FOB   B. FAS   C. DAP   D. DDP   E. DAT

3.（   ）条件下出口报关的责任和费用由买方负担。

A. EXW   B. FAS   C. CPT   D. CIF   E. FOB

4.（   ）条件下出口报关的责任和费用由卖方负担。

A. FCA   B. FOB   C. CFR   D. CIF   E. DDP

5.（　　）条件下进口报关的责任和费用由卖方负担。

A. DDP   B. DAT   C. CIP   D. DAP   E. CIF

6.常用贸易术语的国际贸易惯例包括（　　）

A.《国际贸易术语解释通则》   B.《1941年美国对外贸易定义修订本》

C.《ISO9000》   D.《跟单信用证统一惯例》

7.在（　　）术语下，交货地点与风险转移的地点都是在出口国国内。

A. EXW   B. FCA   C. FAS   D. DDP

8.（　　）术语下风险的转移是以装运港口货物装到船上为界限的。

A. FCA   B. FAS   C. FOB   D. CFR   E. DES

9.（　　）术语适用于任何运输方式。

A. FOB   B. CIF   C. CFR   D. CPT   E. CIP

10.（　　）术语只适用于水上运输方式。

A. FCA   B. FAS   C. DAT   D. FOB   E. DDP

三、判断题

1.国际贸易术语一经采用便具有法律效力，对合同的双方都具有强制性。（　　）

2.在FAS条件下，如买方所派的船只不能在装运港靠岸，则应自行负责将货物从码头货位驳运至船边的费用。（　　）

3.FCA条件下属于象征性交货。（　　）

4.国际贸易术语中规定，一旦货物的所有权发生转移，风险也同时转移。（　　）

5.CIF价被称为"到岸价"，是因为货物到目的港并越过船舷后，货物的所有权和风险即从卖方转移到买方。（　　）

6.在CIF和CIP合同中，如无明文规定，卖方只需投保最低限度的险别即可，最低投保金额应为CIF或CIP的110%。（　　）

7.我国某公司按FOB旧金山从美国购买一批小麦，卖方理应将货物装到旧金山的船上。（　　）

8.国际贸易术语不是法律，因而它不具有法律的强制力。（　　）

9.所谓"象征性交货"是指卖方按合同规定在装运港口将货物装船并提交全套合格单据，就算完成了交货义务，而无需保证到货。（　　）

10.FOB是卖方在装运港完成交货义务，而CIF是卖方在目的港完成交货义务。（　　）

11.FCA、CPT和CIP适用于任何运输方式，其风险转移的分界点不在船上，只要货交承运人或第一承运人，风险即由卖方转移到买方。（　　）

12.在CIF价格条件下，卖方凭单据履行交货义务，买方凭单据付款。（　　）

13.按照国际贸易惯例，在CFR条件下如卖方未及时向买方发出装船通知而使买方漏保，则卖方应对货物在运输途中的损坏及灭失负赔偿责任。（　　）

14.采用FCA时，如果在机场交货，则卖方交货责任至货物交给航空承运人或其代理人为止。（　　）

15.我方从日本进口货物，如按FOB条件成交，需我方派船到日本口岸接运货物；如按CIF条件成交，则由日本洽租船舶将货物运往中国港口。可见，我方按FOB进口货物承担的

货物运输风险,比按 CIF 进口货物承担的风险大。 （　　）

四、计算题

1.某公司出口箱装货物一批,报价为每箱 35 美元,CFR 利物浦。英国商人要求改报 FOB。已知该批货物的体积每箱长 45 厘米、宽 40 厘米、高 25 厘米,每箱毛重 35 千克,商品计费标准为 W/M,每运费吨基本运费率为 120 美元,并加收燃油附加费 20%,港口附加费 10%。该公司应报价多少?

2.我方出口货物 3000 件,对外报价为 2 美元/件 CFR 纽约。为避免漏保,客户来证要求我方装船前按 CIF 总值代为办理投保手续,查得该货的保险费率为 0.8%。试计算我方对该货物投保时应缴纳的保险费。

第二章
出口价格构成

知识目标

1. 了解出口价格的构成；
2. 掌握成本核算的原理；
3. 掌握费用核算的技巧；
4. 掌握利润核算的方法。

技能目标

1. 进行实际成本核算；
2. 进行国内费用核算；
3. 进行国际费用核算。

重点

1. 实际成本核算；
2. 海运运费核算。

难点

1. 海运运费核算；
2. 航空运费核算。

在进出口业务中，商品的价格是买卖双方进行贸易时关注的焦点。买卖双方进行交易磋商时，都必须对所交易的商品的价格进行合理的考虑。正确的价格计算是出口报价的前提条件。选用的贸易术语不同，商品的出口价格不同。计算价格时，要考虑购货的成本、商品从出口国经过长途运输到进口国所发生的各项费用以及出口商做这笔生意想得到的利润高低。所以，出口价格由三部分组成，即成本、费用和利润。

第一节　出口实际成本

出口商品价格的构成包括成本、费用和利润。出口成本包括生产成本、加工成本和采购成本。它们是价格的主要组成部分。对于出口商而言，成本主要涉及采购成本，指的是贸易商向供应商采购商品的支出，是供货商所报的国内销售价格，一般包含增值税在内，是含税价。增值税是指以商品生产和劳务服务各个环节所发生的增值额为课征税收对象的一种流转税。为了降低出口商品的成本，增强其商品在国际市场的竞争能力，国家政府往往对出口商品采取增值税全部或部分退税的做法。2005年,国家税务总局颁发了《出口货物退(免)税管理办法(试行)》,规定外贸企业在收购出口商品时,按规定的增值税率17%或13%纳税,在产品出口后,予以退还全部已征税款。为进一步加强管理,规范退税办法,国家税务总局曾多次调整出口退税率。在核算出口成本时,要将出口退税额从含增值税的采购成本中减去,因此,实际出口成本要比采购成本少。

【例2-1】 吉信贸易公司收到英国一公司求购6000双军靴(一个40英尺货柜)的询盘,经了解每双军靴的进货成本为人民币90元(含增值税17%),出口军靴的退税率为14%。试求该产品的实际成本。

解题分析:进货成本为人民币90元,指的是出口商购货时的花费,即采购成本。出口数量为6000双,则出口商共花费90×6000=540000元采购成本。并且题中告知含增值税17%。那么增值税额是多少呢?退税额又是多少呢?实际采购成本又是多少呢?

国家税务局在征收增值税时是按照生产厂家在销售商品时的不含税价作为征税标准的。计算方法如下:出厂前不含税价称为净价;出口商购货时的价格称为含税成本,亦即采购成本。净价、含税成本和增值税有如下关系:

$$含税成本=净价+增值税额$$
$$增值税额=净价×增值税率$$
$$含税成本=净价+净价×增值税率$$
$$含税成本=净价×1+增值税率$$

故

$$净价=\frac{含税成本}{1+增值税率}$$

根据上述题意,可得

$$净价=\frac{90}{(1+17\%)}=90×0.8547=76.92(元)$$

已知出口军靴的退税率为14%,如何计算退税额呢?

同样国家征税是在净价基础上征收的,退税时也在净价基础之上退税。所以,

$$
\begin{aligned}
退税额 &=净价×退税率\\
&=\frac{采购成本}{1+增值税率}×退税率\\
&=\frac{90}{1+17\%}×14\%\\
&=90×0.8547×14\%\\
&=76.92×14\%\\
&=10.77(元)
\end{aligned}
$$

$$
\begin{aligned}
实际采购成本 &=含税成本-退税额\\
&=含税成本-\frac{含税成本}{1+增值税率}×退税率\\
&=90-10.77\\
&=79.23(元)
\end{aligned}
$$

$$
\begin{aligned}
实际总成本 &=单件实际成本×数量\\
&=79.23×6000
\end{aligned}
$$

$$=475380(元)$$

故该产品的实际成本为 475380 元。

根据以上运算,可推导出如下计算实际采购成本的公式:

$$实际采购成本=含税成本-退税额$$

$$退税额=含税成本\times\frac{出口退税率}{1+增值税率}$$

$$实际采购成本=含税成本\times(1-\frac{出口退税率}{1+增值税率})$$

【例 2-2】 上海新龙股份有限公司向美国某公司出口 300 打男士衬衫,含增值税 17%的成本是 30 元/件,退税率为 9%。请计算退税总额和实际采购总成本。

解:

含税成本=30 元/件×300 打×12 件/打=108000 元

$$退税额=含税成本\times\frac{出口退税率}{1+增值税税率}$$

$$=108000\times\frac{9\%}{1+17\%}$$

$$=8307.69(元)$$

实际采购总成本=含税成本-退税额

$$=108000 元-8307.69 元$$

$$=99692.31 元$$

也可按上述公式直接计算实际采购成本:

$$实际采购成本=含税成本\times(1-\frac{出口退税率}{1+增值税率})$$

$$=108000\times(1-\frac{9\%}{1+17\%})$$

$$=99692.31(元)$$

根据例 2-1 和例 2-2 的资料,以及相关计算公式,可列表计算实际总成本,具体如表 2-1 所示。

表 2-1　实际成本核算表

单件采购成本	采购数量	采购总成本	增值税率	不含增值税净价	增值税额	出口退税率	退税额	实际总成本
(1)	(2)	(3)	(4)	(5)	(6)	(7)	(8)	(9)
		=(1)×(2)		=(3)÷[1+(4)]	=(5)×(4)		=(5)×(7)	=(3)-(8)
90	6000	540000	17%	461538.46	78461.54	14%	64615.38	475384.61
30	3600	108000	17%	92307.69	15692.31	9%	8307.69	99692.31

第二节　海运费用

费用核算分为国际费用核算和国内费用核算。其中国际费用核算主要包括国际运费核算、国际保险费核算、佣金核算、银行费用核算。国内费用核算包括加工费、包装费、国内运费、装船费、拼箱费、证件费、银行利息等。

根据国际货物运输的方式不同,国际运费主要有海运运费、航空运费、铁路运费和公路运费。出口交易中,采用 CFR、CIF 贸易术语成交的条件下,出口商需核算海运运费。而 FCA、CPT、CIP 术语适合各种运输方式,所以可能涉及空运运费和陆运运费。本节主要介绍海运费用的计算。

一、海洋运输的特点

海洋运输是国际贸易中最主要的运输方式,占国际贸易总运量中的三分之二以上,我国绝大部分进出口货物,都是通过海洋运输方式进行运输的。海洋运输之所以被如此广泛采用,是因为它与其他运输方式相比,具有下列明显优点:海洋运输的运量大,海运费用低,航道四通八达。但海洋运输的速度慢,航行风险大,航行日期不准确,这些是其不足之处。

二、海洋运输的种类

根据承运货物的船舶的营运方式不同,海洋运输分为班轮运输(liner transport)和租船运输(shipping by chartering)两种。而班轮运输已成为国际贸易中的货物运输的主要方式。我国绝大多数进出口货物都是通过班轮运输的,约占海运总量的 70% 以上。

(一)班轮运输

班轮运输又称定期租船运输,指船舶按照预定的航行时间表,在固定的航线和港口往来航行,从事客货运输业务并按事先公布的费率收取运费的运输方式。

1. 班轮运输的特点

班轮运输主要有如下特点:

(1)班轮运输有固定的船期、航线、停靠港口和相对固定的运费率;

(2)班轮运费中包括装卸费,故班轮的港口装卸由船方负责;

(3)班轮承运货物的数量比较灵活,货主按需订舱,特别适合于一般件杂货和集装箱货物的运输。

2. 班轮运费

班轮运费由班轮运价表规定,包括基本运费和各种附加费。基本运费分成两大类:一类是传统的件杂货运费,另一类是集装箱包箱费。

件杂货也有按商品价格或件数计收运费的。大宗低值货物,可由船、货双方议定运价。

班轮运费中的附加费名目繁多,其中包括超长附加费、超重附加费、选择卸货港附加费、变更卸货港附加费、燃油附加费、港口拥挤附加费、绕航附加费、转船附加费和直航附加费等。

集装箱运输费用中,除上述海运费用外,还包括有关的服务费和设备使用费。此外,班轮公司对不同商品混装在同一包装内,按其中收费较高者计收运费。同一票商品,如包装不同,其计费等级和标准也不同,如托运人未按不同包装分别列明毛重和体积,则整批货物按收费较高者计收运费;同一提单内有两种以上不同货名,如托运人未分别列明毛重和体积,亦从高计费。

(二)租船运输

租船指包租整船,又称不定期租船运输。在租船业务中,没有预定的船期表,船舶经由航线和停靠的港口也不固定,需按船租双方签订的租船合同来安排,有关船舶的航线和停靠的港口、运输货物的种类以及航行时间等,都按承租人的要求,由船舶所有人确认而定,运费和租金也由双方根据租船市场行情在租船合同中加以约定。租船费用较班轮低廉,且可选择直达航线,故大宗货物一般采用租船运输。

1.租船运输的方式

租船方式主要有定程租船和定期租船两种。

(1)定程租船。定程租船(voyage charter),又称航次租船,是指由船舶所有人负责提供船舶,在指定港口之间进行一个航次或数个航次,承运指定货物的租船运输。定程租船就其租赁方式的不同可分为:①单航次租船;②来回航次租船;③连续航次租船;④包运合同租船。船方必须按租船合同规定的航程完成货物运输任务,并负责船舶的运营管理及其在航行中的各项费用开支。定程租船的运费一般按货物装运数量计算,也可以按航次包租金额计算。

船舶所有人与租船人双方的责任和义务,以定程租船合同为准。在定程租船方式中,合同应明确规定船方是否负担货物在港口的装卸费用。如果船方不负担装卸,则应在合同中规定装卸期限或装卸率,以及与之相应的滞期费和速遣费。如租方未能在限期内完成装卸作业,为了补偿船方由此而造成延迟开航的损失,应向船方支付一定的罚金,即滞期费;如租方提前完成装卸作业,则由船方向租方支付一定的奖金,称为速遣费。通常速遣费为滞期费的一半。

航次租船装卸费的划分方法有以下几种:

①船方负担装货费和卸货费条件(Gross terms,liners terms 或 berth terms),又称"班轮条件"。

②船方管装不管卸条件(Free Out,FO)。

③船方管卸不管装条件(Free In,FI)。

④船方不负责装货费和卸货费条件(Free In and Out,FIO)条件。采用这一条件时,还要明确理舱费和平舱费由谁负担。一般规定租船人负担,即船方不负担装卸费、理舱费和平舱费条件(Free In and Out,Stowed and Trimmed,FIOST)。

(2)定期租船。定期租船是指由船舶所有人将船舶出租给承租人,供其使用一定时期的租船运输。在采用定期租船时,船方应在合同规定的租赁期内提供适航的船舶,并负担保持船舶适航的有关费用。租船人在此期间可在规定航区内自行调度支配船舶,但应负责燃料费、港口费和装卸费等运营过程中的各项开支。

2.租船运输的运费

关于租船运输的运费,在此只对航次租船运费进行介绍。航次租船运费的计算方法有两种:一种是按规定运费率(rate freight),即按每单位重量或单位体积规定的运费额计算;另一种是按整船包价(lump-sum freight)进行计算,此时费率的高低主要决定于租船市场的供求关系,此外还与运输距离、货物种类、装卸率、港口使用费、装卸费用划分和佣金高低等因素有关。

第三节　件杂货物运费

在班轮运输中,根据托运货物是否使用集装箱装运,可将货物分为件杂货物与集装箱货物两种。因此,班轮运费可分为件杂货物运费和集装箱货物运费。件杂货运输的班轮运费包括货物从装运港至目的港的海上运费以及货物的装卸费。它与货量的多少直接相关。海运集装箱货物运输通常会发生以下费用:①内陆运输费(inland transportation charge);②堆场服务费(terminal handling charge);③拼箱服务费(LCL service charge);④设备使用费(fee for use container and other equipments);⑤海运运费(ocean freight)。装箱货物运费的高低与集装箱的规格和个数直接相关。

件杂货物,简称件货或者杂货,是可以以件计量的货物,英文叫 general cargo,也就是普通货物。件杂货物又可以分为包装货和裸装货,包装货就是可以用包、袋、箱等包装起来运输的货物,裸装货就是没有包装或者无法包装的货物。如钢材及钢材制品、铁及铁制品、各种纸类、棉花、天然橡胶、皮革制品、服装制品、塑料制品、袋装水泥、袋装化肥、袋装粮食、机械设备、交通工具、文具、日用品、木材及木材制品、玻璃及玻璃制品、工艺品等。件杂货用散货船运输。而集装箱货指货物全部装在集装箱里面,由统一的集装箱货运船运输,集装箱船要比散货运输的船大。

一、运费的计收标准

班轮公司运输件杂货所收取的运送费用,是按照班轮运价表的规定计收的。在班轮运价表中,根据不同的商品,对运费的计收标准,通常采用下列几种方式:

(1)按货物重量(weight)计算,以"W"表示。如 1 公吨(1000 公斤)、1 长吨(1016 公斤)或 1 短吨(907.2 公斤)为一个计算单位,也称重量吨。

(2)按货物尺码或体积(measurement)计算,以"M"表示。如以 1 立方米(约合 35.3147 立方英尺)或 40 立方英尺为一个计算单位,也称尺码吨或容积吨。

(3)按货物重量或尺码,选择其中收取运费较高者计算运费,以"W/M"表示。

(4)按货物 FOB 价收取一定的百分比作为运费,称从价运费,以"AD VALOREM"或"ad. val."表示。这原是拉丁文,其英文是按照价值的意思(即 according to value)。

(5)按货物重量或尺码或价值,选择其中收费较高者计算运费,用"W/M or ad. val."表示。

(6)按货物重量或尺码选择其高者,再加上从价运费计算,以"W/M plus ad. val."表示。

(7)按每件为一单位计收,如活牲畜和活动物,按"每头"(per head)计收;车辆有时按"每辆"(per unit)计收;起码运费按"每提单"(per B/L)计收。

(8)临时议定的价格(open rate)。由承、托运双方临时议定的价格收取运费。一般多用于低价货物。

二、班轮运费的分类

班轮运输的运费主要由基本运费和附加运费所组成。

（1）基本运费。

基本运费是指货物从装运港运往班轮航线基本港口所收取的费用。从装运港到目的港的基本费用，根据基本运价（basic freight rate）和计费吨（freight ton，FT）计算。计费吨分重量吨（按 1 公吨收费）和尺码吨（按 1 立方米计算）。班轮运费是按照班轮运价表（liner's freight tariff）的规定计算的。班轮运价表的结构一般包括：说明及有关规定、货物分级表、航线费率表、附加费率表、冷藏货及活牲畜费率表等。对于基本费率的规定，有的运价表是按每项货物列出其基本费率，这种运价表称为"单项费率运价表"；有的是将承运的货物分为若干等级（一般分为 20 个等级），每一个等级的货物有一个基本费率，这种称为"等级费率表"。在实际业务中，大都采用等级费率表。

基本运费形式多样，如普通货物运价、个别货物运价、等级运价、协议运价、集装箱运价等，其运费（按重量吨或尺码吨）的计算公式为：

$$运费 = 重量吨（或尺码吨）\times 等级运费率 \times （1 + 附加费率）$$

【例 2-3】 由天津新港运往莫桑比克首都马普托门锁 500 箱，每箱毛重为 30kg，计收标准为 W，去东非航线马普托每运费吨为 450 港元，问该批门锁的运费为多少港元？

解：运费 = 重量吨 × 等级运费率 = $30 \times 500 \times \dfrac{450}{1000} = 6750$（港元）

【例 2-4】 我某公司向东京某进口商出口自行车 100 箱，每箱一件，每箱体积是 20cm×50cm×120cm，计收标准为"M"，基本运费为每运费吨 HK＄280，问该批商品的运费是多少？

解题分析：

（1）此题运费计收标准为"M"，所以按体积计算。

（2）已知体积为立方厘米，需换算成立方米。1 立方厘米 = 0.000001 立方米。

总体积 = 20cm×50cm×120cm×0.000001×100 箱 = 12 立方米

（3）已知基本运费为每运费吨 HK＄280，即每立方米收基本运费 280 港元，12 立方米则收 12×280 = HK＄3360。

解：

总运费 = 基本运费吨 × 商品体积

   = HK＄280×20×50×120×0.000001×100

   = HK＄3360

因此，该批商品运费为 HK＄3360。

【例 2-5】 我国某公司出口商品 100 箱，每箱体积是 30cm×60cm×50cm，毛重为 40kg，查运费表得知该货为 9 级，计费标准为"W/M"，基本运费为每运费吨 HK＄109，问该批商品的运费是多少？

解题分析：本题运费计费标准为"W/M"，指的是用重量计费和按体积计费，哪个大就按哪个收费，所以需从重量和体积中选一个大的计算即可，不用分别计算出结果再选大的确定运费计费标准。

体积和重量如何比较呢？比较标准为 1 立方米 = 1 公吨。所以需将体积单位换算成立方米，重量单位换算成公吨。1000000 立方厘米 = 1 立方米，1000 公斤 = 1 公吨。

解：

单箱体积 = 30cm×60cm×50cm = 0.09 立方米

单箱重量＝40 千克＝0.04 公吨

积载系数＝W/M＝$\dfrac{0.04}{0.09}$<1,所以按体积计算运费。

运费＝单箱体积×总箱数×基本运费费率

　　　＝0.09×100×109

　　　＝HK＄981

因此,该批货物的运费是 HK＄981。

（2）附加运费。

由于有些货物需要特殊处理,或者由于有突发事件的发生或客观情况变化等,船方根据不同情况为了弥补在运输中额外开支或费用而加收的费用。

班轮运输中的附加费用有:燃油附加费、港口附加费、港口拥挤附加费、绕航附加费、货币贬值附加费、转船附加费、直航附加费、选港附加费、变更卸货港附加费、超长附加费、洗舱费等。

附加费的计算方法主要有两种:一种是以百分比表示,如燃油附加费率10％,港口拥挤附加费率15％等,计算时是在基本运费费率的基础上取一定的百分比;另一种使用绝对数表示,即每运费吨增加若干金额,其可以与基本费率直接相加计算运费。

【例2-6】 我国某公司出口商品 100 箱,每箱体积是 30cm×60cm×50cm,毛重为 40kg,查运费表得知该货为 9 级,计费标准为"W/M",基本运费为每运费吨 HK＄109,另加收燃油附加费20％,港口附加费20％,问该批商品的运费是多少?

解题分析:本题运费计费标准为"W/M",指的是用重量计费和按体积计费,哪个大就按哪个收费,所以需从重量和体积中选大的计算即可,不用分别计算出结果再选大的确定运费计费标准。

体积和重量如何比较呢? 比较标准为 1 立方米＝1 公吨。所以需将体积单位换算成立方米,重量单位换算成公吨。1000000 立方厘米＝1 立方米,1000 公斤＝1 公吨。

解:

单箱体积＝30cm×60cm×50cm＝0.09 立方米

单箱重量＝40 千克＝0.04 公吨

积载系数＝W/M＝$\dfrac{0.04}{0.09}$<1,所以按体积计算运费。

运费＝单箱体积×总箱数×基本运费费率×(1＋各种附加费率之和)

　　　＝0.09×100×109×(1＋20％＋20％)

　　　＝1373.4(港元)

因此,该批货物的运费是 1373.4 港元。

【例2-7】 我国某公司向东京某进口商出口自行车 100 箱,每箱一件,每箱体积是 20cm×50cm×120cm,计收标准为"M",基本运费为每运费吨 HK＄280,另加收燃油附加费30％,港口附加费10％,问该批商品的运费是多少?

解题分析:

(1)此题运费计收标准为"M",所以按体积计算。

(2)已知体积为立方厘米,需换算成立方米。1 立方厘米＝0.000001 立方米。

总体积＝20cm×50cm×120cm×0.000001×100 箱＝12 立方米

（3）已知基本运费为每运费吨 HK＄280，即每立方米收基本运费 280 港元，12 立方米则收 12×280＝3360 港元。

（4）因有两个附加费，则附加费＝3360×（30％＋10％）＝1344（港元）。

（5）总运费＝3360＋1344＝4704（港元）。

解：

总运费＝基本运费×（1＋燃油附加费率＋港口拥挤费率）

＝基本运费吨×商品体积×（1＋燃油附加费率＋港口拥挤费率）

＝280×20×50×120×0.000001×100×（1＋30％＋10％）

＝4704（港元）

此外，班轮费率表中还有起码运费的规定，是指每张提单的最低运费，根据不同地区、是否转船等情况决定。

第四节　集装箱货物运输

一、集装箱运输的特点

杂货运输长期以来存在着装卸及运输效率低、时间长，货损、货差严重，影响货运质量，货运手续繁杂，影响工作效率等缺点，因此对货主、船公司及港口的经济效益产生极为不利的负面影响。

如何加速商品的流通过程，降低流通费用，节约物流的劳动消耗，实现快速、低耗、高效率及高效益地完成运输生产过程并将货物送达目的地交付给收货人，这就要求变革运输方式，使之成为一种高效率、高效益及高运输质量的运输方式，而集装箱运输，正是这样的一种运输方式。

集装箱运输具有以下特点：

1. 高效益的运输方式

集装箱运输经济效益高主要体现在以下几方面：

（1）简化包装，大量节约包装费用。

（2）减少货损、货差，提高货运质量。

（3）减少营运费用，降低运输成本。

2. 高效率的运输方式

传统的运输方式具有装卸环节多、劳动强度大、装卸效率低、船舶周转慢等缺点，而集装箱运输完全改变了这种状况。

首先，普通货船装卸，一般每小时为 35t 左右，而集装箱装卸，每小时可达 400t 左右，装卸效率大幅度提高。其次，由于集装箱装卸机械化程度很高，因而每班组所需装卸工人数很少，平均每个工人的劳动生产率大大提高。

3. 高投资的运输方式

首先，集装箱运输虽然是一种高效率的运输方式，但是它同时又是一种资本高度密集的行业。集装箱的投资相当大，开展集装箱运输所需的高额投资，使得船公司的总成本中固定成本占有相当大的比例，高达三分之二以上。

其次，集装箱运输中港口的投资也相当大。专用集装箱泊位的码头设施包括码头岸线和前沿、货场、货运站、维修车间、控制塔、门房,以及集装箱装卸机械等,耗资巨大。

再者,为开展集装箱多式联运,还需有相应的内陆设施及内陆货运站等,为了配套建设,这就需要兴建、扩建、改造、更新现有的公路、铁路、桥梁、涵洞等,这方面的投资也相当大。可见,没有足够的资金开展集装箱运输,实现集装箱化是困难的。

4.高协作的运输方式

集装箱运输系统包括海运、陆运、空运、港口、货运站以及与集装箱运输有关的海关、商检、船舶代理公司、货运代理公司等单位和部门。如果互相配合不当,就会影响整个运输系统功能的发挥,甚至导致运输生产停顿和中断。因此,发展集装箱运输要求整个运输系统各环节、各部门之间的高度协作。

5.适于组织多式联运

由于集装箱运输在不同运输方式之间换装时,不需搬运箱内货物,而只需换装集装箱,这就提高了换装作业效率,适于不同运输方式之间的联合运输。在换装转运时,海关及有关监管单位只需加封或验封转关放行,从而提高了运输效率。

按国际标准化组织(International Organization for Standardization,ISO)第104技术委员会的规定,集装箱应具备下列条件:

(1)能长期地反复使用,具有足够的强度。
(2)途中转运不用移动箱内货物,就可以直接换装。
(3)可以进行快速装卸,并可从一种运输工具直接方便地换装到另一种运输工具。
(4)便于货物的装满和卸空。
(5)具有1立方米(即35.32立方英尺)或以上的容积。

满足上述5个条件的大型装货容器才能称为集装箱。

二、集装箱的种类

1.普通集装箱(干货集装箱,dry container)

普通集装箱是用来运输无需控制温度的件杂货,其使用范围极广,占全部集装箱的80%以上。这种集装箱通常为封闭式,在一端或侧面设有箱门。干货集装箱通常用来装运文化用品、化工用品、电子机械、工艺品、医药、日用品、纺织品及仪器零件等,以及不受温度变化影响的各类固体散货、颗粒或粉末状的货物。

2.冷藏集装箱(reefer container)

冷藏集装箱分外置和内置式两种。温度可在-28℃ ~ +26℃之间调整。内置式集装箱在运输过程中可随意启动冷冻机,使集装箱保持指定温度;而外置式则必须依靠集装箱专用车、船和专用堆场、车站上配备的冷冻机来制冷。这种集装箱适合在夏天运输黄油、巧克力、冷冻鱼肉、炼乳、人造奶油等物品。

3.开顶集装箱（open top container）

开顶集装箱是指没有刚性箱顶的集装箱,但有可折叠式或可折式顶梁支撑的帆布、塑料布或涂塑布制成的顶篷,其他构件与通用集装箱类似。这种集装箱适于装载大型货物和重货,如钢铁、木材,特别是像玻璃板等易碎的重货,利用吊车从顶部吊入箱内不易损坏,而且也便于在箱内固定。

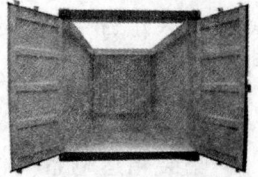

4.保温集装箱（insulated container）

保温集装箱的箱内有隔热层,箱顶又有能调节角度的进出风口,可利用外界空气和风向来调节箱内温度,紧闭时能在一定时间内不受外界气温的影响。保温集装箱适宜装运对温湿度敏感的货物。

5.框架集装箱（flat rack container）

框架集装箱是没有箱顶和侧壁,甚至连端壁也没有,而只有底板和四个角柱的集装箱。这种集装箱可以从前后、左右及上方进行装卸作业,适合装载长大件和重货件,如重型机械、钢材、钢管、木材、钢锭等。框架式的集装箱没有水密性,怕水湿的货物不能装运,或用帆布遮盖装运。

6.牲畜集装箱（pen container）

牲畜集装箱是一种装运鸡、鸭、鹅等活家禽和牛、马、羊、猪等活家畜用的集装箱。为了遮蔽太阳,箱顶采用胶合板遮盖,侧面和端面都有用铝丝网制成的窗,以求有良好的通风。侧壁下方设有清扫口和排水口,并配有上下移动的拉门,可把垃圾清扫出去。此外,还装有喂食口。牲畜集装箱一般应装在甲板上,因为甲板上空气流通,便于清扫和照顾。

7.罐式集装箱（tank container）

罐式集装箱是专用来装运酒类、油类(如动植物油)、液体食品以及化学品等液体货物的集装箱,它还可以用于装运其他危险的液体货物。这种集装箱有单罐和多罐数种,罐体四角由支柱、撑杆构成整体框架。

8.平台集装箱（platform container）

平台集装箱的形状类似铁路平板车,适宜装超重超长货物,长度可达 6 米以上,宽 4 米以上,高 4.5 米左右,重量可达 40 公吨。且两台平台集装箱可以联结起来,用于装 80 公吨的货,用这种箱子装运汽车极为方便。

9.通风集装箱（ventilated container）

通风集装箱是用于装运水果、蔬菜等不需要冷冻而具有呼吸作用的货物,在端壁和侧壁上设有通风孔的集装箱,如果将通风口关闭,同样可以作为杂货集装箱使用。

10. 散货集装箱（bulk container）

散货集装箱是一种密闭式集装箱,有玻璃钢制和钢制两种。前者由于侧壁强度较大,故一般装载麦芽和化学品等相对密度较大的散货,后者则用于装载相对密度较小的谷物。散货集装箱顶部的装货口应设水密性良好的盖,以防雨水侵入箱内。

11. 挂式集装箱（dress hanger container）

挂式集装箱的特点是,在箱内上侧梁上装有许多根横杆,每根横杆上垂下若干条皮带扣、尼龙带扣或绳索,成衣利用衣架上的钩,直接挂在带扣或绳索上。这种服装装载法属于无包装运输,它不仅节约了包装材料和包装费用,而且减少了人工劳动,提高了服装的运输质量。

12. 汽车集装箱

汽车集装箱是一种运输小型轿车用的专用集装箱,其特点是在简易箱底上装一个钢制框架,这种集装箱分为单层和双层两种。因为小轿车的高度为 1.35~1.45 米,如装在 8 英尺（2.438 米）的标准集装箱内,其容积要浪费 2/5 以上,因而出现了双层集装箱。这种双层集装箱的高度有两种:一种为 10.5 英尺（3.2 米）,一种为 8.5 英尺高的 2 倍。因此汽车集装箱一般不是国际标准集装箱。

13. 其他用途集装箱

集装箱现在的应用范围越来越广泛,不但用于装运货物,还广泛用于其他用途。例如:

(1)流动电站集装箱:可在一个 20ft 内装置一套完整的发电机组,装满燃油后可连续发电 96h,供应 36 个 20ft 或 40ft 冷藏集装箱的用电。

(2)流动舱室集装箱、流动办公室集装箱:可在一个 20ft 的集装箱内装备舒适的居室和办公室。

此外,美国已研制成了由若干只 20ft 的集装箱组成的"战地医院",有几十个床位,配有药房、化验室、手术室、护理室等,可用 C130 运输机运输,在战地迅速布置。

随着国际贸易的发展,商品结构不断变化,今后还会出现各种不同类型的专用或多用集装箱。

三、集装箱货物的交接地点和方式

(一)集装箱货物的交接地点

货物运输中的交接地点是指根据运输合同,承运人与货方交接货物、划分责任风险和费用的地点。目前集装箱运输中货物的交接地点有集装箱堆场、集装箱货运站、门(双方约定的地点)、船边或吊钩。

1.集装箱堆场(container yard,CY)

集装箱堆场(又简称"场")是交接和保管空箱和重箱的场所,也是集装箱换装运输工具的场所。在集装箱运输中,集装箱码头堆场包括集装箱前方堆场和集装箱后方堆场。集装箱前方堆场在集装箱码头前方,是为加速船舶装卸作业,暂时堆放集装箱的场地。其作用是在船舶到港前,有计划、有次序地按积载要求将出口集装箱整齐地集中堆放,等待装船;卸船时将进口集装箱暂时堆放在码头前方,以加速船舶装卸作业。集装箱后方堆场是集装箱重箱(loaded container)或空箱(empty container)进行交接、保管和堆存的场所。集装箱后方堆场是集装箱装卸区的主要组成部分,是集装箱运输"场到场"交接方式的整箱货交接的场所(实际上是在集装箱卸区"大门口"进行交接的)。有些国家对集装箱堆场并不分前方堆场或后方堆场,统称为堆场。专门办理空箱收集、保管、堆放或交接的场地称为空箱堆场,它是专门为集装箱装卸区或转运站堆场不足时才设立的。空箱堆场不办理重箱和货物交接。它可以单独经营,也可以在集装箱装卸区外另设。但在集装箱堆场交接的货物都是整箱交接。在发货港集装箱码头堆场交接意味着发货人自行负责装箱及集装箱到发货港集装箱码头堆场之前的运输。在卸货港集装箱码头堆场交接意味着收货人自行负责集装箱货物到最终目的地的运输和拆箱。

2.集装箱货运站(container freight station,CFS)

集装箱货运站(简称"站"),是处理拼箱货的场所,它办理拼箱货的交接。拼箱货在集装箱货运站配载装箱后,将集装箱送往堆场,并接受堆场交来的进口货箱,在货运站进行拆箱、理货、保管,最后将货物分拨给各收货人。同时也可按承运人的委托办理对集装箱进行铅封并签发场站收据等业务。需要注意的是,集装箱堆场和集装箱货运站也可以同处于一处。CFS的费用,通常是按每立方米来计收的。因为CFS是拼箱产生的费用,所以不论在装运港还是目的港,都有发生。在FOB条件下,CFS这一项费用是单独列出来向出口商或工厂收取的。因为FOB是运费到付的,所以装运港的费用不计算在运费内。而在CIF条件下,装运港的CFS费用已经包含在货代报的海运运价中,所以在装运港不再单收CFS费用。但进口商在目的港那边还是要付CFS费用的。

3.门(door)

门指收发货人的工厂、仓库或双方约定收、交集装箱的地点。门在多式联运中经常使用。

4.船边或吊钩(ship's rail or hook/ tackle)

在船边或吊钩(简称"钩")交接货物是指在装货港或卸货港船边及码头或者是在装卸集装箱的吊具即吊钩处交接货物,并以此为界作为区分运输装卸费用的界限。

(二)集装箱的交接方式

集装箱运输下承运人的责任期限完全是根据集装箱货物的交接方式或运输条款来决定的。交接方式或运输条款决定了承运人对货物负责的时间或期限。根据集装箱的交接地点不同及集装箱货物有整箱货(full container load,FCL)和拼箱货(less than container load,LCL)

之分,集装箱交接方式有如下几种:

1. 整箱交,整箱接(FCL/FCL)

整箱交,整箱接指货主在工厂或仓库把装满货后的整箱交给承运人,收货人在目的地以同样整箱接货,换言之,承运人以整箱为单位负责交接。货物的装箱和拆箱均由货方负责。此种交接方式适合于从发货人门到收货人门(door to door)、从发货人门至卸船港集装箱码头堆场(door to CY)、从装船港集装箱码头堆场至卸船港集装箱码头堆场(CY to CY)。

2. 拼箱交,拆箱接(LCL/LCL)

拼箱交,拆箱接指货主将不足整箱的小票托运货物在集装箱货运站或内陆转运站交给承运人,由承运人负责拼箱和装箱运到目的地货站或内陆转运站,由承运人负责拆箱。拆箱后,收货人凭单接货。货物的装箱和拆箱均由承运人负责。这种交接方式适合于将拼箱货从出口国集装箱货运站运至进口国集装箱货运站(CFS to CFS)。

3. 整箱交,拆箱接(FCL/LCL)

整箱交,拆箱接指货主在工厂或仓库把装满货后的整箱交给承运人,在目的地的集装箱货运站或内陆转运站由承运人负责拆箱后,各收货人凭单接货。此种方式适合于将整箱货从发货人门或装船港集装箱码头堆场运至进口国集装箱货运站拆箱(CY to CFS)。

4. 拼箱交,整箱接(LCL／FCL)

拼箱交,整箱接指货主将不足整箱的小票托运货物在集装箱货运站或内陆转运站交给承运人,由承运人分类调整,把同一收货人的货集中拼装成整箱,运到目的地后,承运人以整箱交给收货人。此种方式适合于将拼箱货从出口国集装箱货运站运至卸船港集装箱码头堆场(CFS to CY)或运至收货人门(CFS to door)。

上述各种交接方式中,以整箱交,整箱接效果最好,也最能发挥集装箱的优越性。

此外,需要注意的是门、场、钩适合整箱货交接,而货运站适合拼箱货交接。而且在堆场收取堆场服务费,在货运站收取货运站服务费,在门需收取集散运费。

四、集装箱海洋运输费用的基本形式

集装箱海洋运输费用的基本形式分为两种,包括拼箱货海洋运输费用和整箱货海洋运输费用。

(一)拼箱货海洋运输费用

目前,各船公司对集装箱运输的拼箱货运费的计算,基本上是依据件杂货运费的计算标准,按所托运货物的实际运费吨计费,即尺码大的按尺码吨计费,重量大的按重量吨计费;另外,在拼箱货海运运费中还要加收与集装箱有关的费用,如拼箱服务费、超重或超大件作业费等。

拼箱货运费计收应注意以下几个方面:

(1)承运人在运费中加收拼箱服务费等常规附加费后,不再加收件杂货码头收货费用。承运人运价中规定 W/M 费率后,基本运费与拼箱服务费均按货物的重量和尺码计算,并按其中较高者收费。

(2)拼箱货运费计算是与船公司或其他类型的承运人承担的责任和成本费用一致的,由于拼箱货是由 CFS 负责装箱、拆箱,因此承运人的责任从装箱的 CFS 开始到拆箱的 CFS 为止,但接受货物前和交付货物后的责任不应包括在运费之内。装箱、拆箱的 CFS 应为承运人拥有或接受承运人委托办理有关业务的地点。

(3)由于拼箱货涉及不同的收货人,因而拼箱货不能接受货主提出的有关选港或变更目的港的要求,所以,在拼箱货海运运费中没有选港附加费和变更目的港附加费。

(4)拼箱货起码运费按每份提单收取。计费时不足 1 公吨或 1 立方米时,按 1 公吨或 1 立方米收费。在拼箱运输下,一个集装箱中一般装有多票货物,为保证承运人的利益,各船公司对每票(提单)货物规定起码运费吨。

(5)对符合运价中有关成组货物的规定和要求并按拼箱货托运的成组货物,一般给予运价优惠,但计费时应扣除托盘本身的重量或尺码。

(二)整箱货海洋运输费用

1.整箱货运输费用构成

海运集装箱货物运输通常会发生以下费用:

(1)内陆运输费(inland transportation charge);

(2)堆场服务费(terminal handlinu charge);

(3)拼箱服务费(LCL service charge);

(4)设备使用费(fee for use container and other equipments);

(5)海运运费(ocean freight)。

2.整箱货海运运费的计收

目前,整箱货较为普遍采用的方法是根据集装箱的类型按箱的数量计收运费,即为包箱费。常见的包箱费费率有以下三种表现形式:

(1)FAK 包箱费率(freight for all kinds)。

FAK 包箱费即对每一集装箱不细分箱内货类,不计货量(在重要限额之内)统一收取的运价(如表 2-2 所示)。它的基本原则是集装箱内装运什么货物与应收的运费无关。换句话说,所有相同航程的货物征收相同的费率,而不管其价值如何。它实际上是承运人将预计的总成本分摊到每个所要运送的集装箱上所得出的基本的平均费率。

采用这种费率时货物仅分普通货物、半危险货物、危险货物和冷藏货物 4 类。不同类的货物,不同尺度(20ft/40ft)的集装箱费率不同。

表 2 - 2　中国至新加坡航线集装箱费率表
CHINA-SINGAPORE CONTAINER SERVICE (IN USD)

装运港 PORT OF LOADING	货物种类 COMMODITIES	拼箱(重量/尺码) LCL(W/M)	20 英尺整箱 20′FCL	40 英尺整箱 40′FCL
黄埔 HUANGPU	普通货物 GENERAL CARGOS	63.00	800.00	1450.00
	半危险品货物 SEMI-HAZARDOU	86.00	1250.00	2300.00
	全危险品 HAZARDOUS		1550.00	2850.00
	冷藏货物 REEFER		2200.00	4050.00
上海 SHANGHAI	普通货物 GENERAL CARGOS	78.00	1100.00	2050.00
	半危险品货物 SEMI-HAZARDOUS	97.00	1450.00	2700.00
	全危险品 HAZARDOUS		1850.00	3400.00
	冷藏货物 REEFER		2700.00	5000.00
青岛 QINGDAO 新港 XINGGANG	普通货物 GENERAL CARGOS	80.00	1150.00	2150.00
	半危险品货物 SEMI-HAZARDOUS	120.00	1550.00	2850.00
	全危险品 HAZARDOUS		1900.00	3550.00
	冷藏货物 REEFER		2700.00	5000.00

　　这种运价形式从理论上讲是合乎逻辑的,因为船舶装运的以及在港口装卸的都是集装箱
而非货物,且集装箱占用的舱容和面积也是一样的。但是,采用这种运价形式,对低价值商品
的运输会产生负面影响,因为低费率货物难以从高费率货物那里获得补偿,这对于低费率商品
的货主来说,可能是难以接受的。

　　这种费率在激烈竞争形势下,受运输市场供求关系变化影响较大,变动也较为频繁。它一

般适用于短程特定航线的运输和以 CY-CY,CFS-CY 方式交接的货物运输。

（2）FCS 包箱费率（freight for class）。

FCS 包箱费率即按不同货物等级制定的包箱费率（如表 2-3 所示），集装箱普通货物的等级划分与杂货分法一样，也分为 1～20 级，但是集装箱货物的费率级差大大小于杂货费率级差，一般低价货集装箱收费高于传统运输的运价，高价货集装箱低于传统运输的运价；同一等级的货物，重货集装箱运价高于体积货运价。

表 2-3 FCS 包箱费率表

中国—日本航线集装箱费率表（单位：IN USD）
CHINA-JAPAN CONTAINER SERVICE

上海—神户,大阪,名古屋,横滨,四日市,门司
SHANGHAI-KOBE ,OSAKA,NAGOYA,YOKOHAMA,YAKAICHI,MOJI
宁波—神户,横滨
NINGBO-KOBE, YOKOHAMA
温州—横滨
WENZHOU-YOKOHAMA

等级 CLASS	LCL W/M	CY/CY 20'	40'
1—7	55.00	770.00	1460
8—10	58.00	820.00	1560
11—15	61.00	870.00	1650
16—20	64.00	920.00	1750
CHEMICALS, N. H.	61.00	870.00	1650
SEMI-HAZARDOUS	68.00	1200.00	2280
HAZARDOUS	—	1650.00	3100
RFFFFR	—	2530.00	4800

（3）FCB 包箱费率（freight for class & basis）。

FCB 包箱费率指按不同货物的类别、等级（class）及计算标准（basis）制定的包箱费率（如表 2-4 所示）。

在这种费率下，即使是装有同种货物的整箱货，当用重量吨或体积吨为计算单位（或标准）时，其包箱费率也是不同的。这是其与 FCS 费率的主要区别之处。

表 2-4 FCB 包箱费表率

中国—地中海航线集装箱费率表(单位:美元)

中国基本港:上海、青岛、大连、黄埔、厦门—巴塞罗那、马塞、热那亚

CHINA BASEPORTS:SHANGHAI, QINGDAO, DALIAN, HUANGPU,XIAMEN-BARCELONA,MARSEILLES,GENOA

等级 CLAASS	计算标准 BASIS	拼箱 CFS/CFS	CY/CY 整箱	
			20'	40'
1—7	M	90	1750	3500
8—10	M	94	1900	3800
11—15	M	101	2050	4100
16—20	M	107	2200	4400
1—7	W	118	1750	3500
8—10	W	127	1900	3800
11—15	W	136	2050	4100
16—20	W	145	2200	4400
CHEMICAI	W/M	128	2050	4100
SEMI-HAZARDOUSCARGO	W/M	166	2550	5100
HAZARDOUS CARGO	W/M	224	3550	7100
REFRIGERATED CARGO	W/M	246	3900	7850

【例 2-8】 某托运人通过中远集装箱公司承运一票货物(2×20ft FCL),采用包箱费率,从黄埔港出口到勒哈佛(Le Havre)港。另有货币贬值附加费10%,燃油附加费5%。另外,查中国—欧洲集装箱费率表知:从黄埔港到勒哈佛港,须经香港转船,运费为直达基础上加USD150/20ft。从黄埔港出口直达费率为 1550USD/20ft。

解:

海运运费计算公式:

$$F=F_b+\sum S$$

即海运运费=基本运费+货币贬值附加费+燃油附加费

基本运费=(1550+150)×2=3400 (USD)

货币贬值附加费=3400×10%=340(USD)

燃油附加费=3400×5%=170(USD)

所以,海运运费=3400+340+170=3910(USD)

(三)特殊货物海运运费的计收

一些特殊货物如成组货物、家具、行李及服装等在使用集装箱进行装运时,在运费的计算上有一些特别的规定。

1.成组货物

班轮公司通常对符合运价表中有关规定与要求,并按拼箱货托运的成组货物,在运费上给

予一定的优惠。在计算运费时,应扣除货板本身的重量或体积,但这种扣除不能超过成组货物(货物加货板)重量或体积的10%,超出部分仍按货板上货物所适用的费率计收运费。但是,对于整箱托运的成组货物,则不能享受优惠运价,并且,整箱货的货板在计算运费时一般不扣除其重量或体积。

2. 家具和行李

对装载在集装箱内的家具或行李,除组装成箱子再装入集装箱外,应按集装箱内容积的100%计收运费及其他有关费用。该规定一般适用于搬家的物件。

3. 服装

当服装以挂载方式装载在集装箱内进行运输时,承运人通常仅接受整箱货"堆场—堆场"(CY/CY)运输交接方式,并由货主提供必要的服装装箱物料如衣架等,运费按集装箱内容积的85%计算。如果箱内除挂载的服装外,还装有其他货物时,服装仍按箱内容积的85%计收运费,其他货物则按实际体积计收运费。但当两者的总计费体积超过箱内容积的100%时,其超出部分免收运费。在这种情况下,货主应提供经承运人同意的公证机构出具的货物计量证书。

4. 回运货物

回运货物是指在卸货港或交货地卸货后的一定时间以后由原承运人运回原装货港或发货地的货物。对于这种回运货物,承运人一般给予一定的运费优惠。比如,当货物在卸货港或交货地卸货后六个月由原承运人运回原装货港或发货地,对整箱货(原箱)的回程运费按原运费的85%计收,拼箱货则按原运费的90%计收回程运费。但货物在卸货港或交货地滞留期间发生的一切费用均由申请方负担。

5. 货物滞期费

在集装箱运输中,货物运抵目的地后,承运人通常给予箱内货物一定的免费堆存期(free time),但如果货主未在规定的免费期内前往承运人的堆场提取货箱,或去货运站提取货物,承运人则对超出的时间向货主收取滞期费(demurrage)。货物的免费堆存期通常是从货箱卸下船时起算,其中不包括星期六、星期天和节假日。但一旦进入滞期时间,便连续计算,即在滞期时间内若有星期六、星期天或节假日,该星期六、星期天及节假日也应计入滞期时间,免费堆存期的长短以及滞期费的计收标准与集装箱箱型、尺寸以及港口的条件等有关,同时也依班轮公司而异,有时对于同一港口,不同的船公司有不同的计算方法。

根据班轮公司的规定,在货物超过免费堆存期后,承运人有权将箱货另行处理。对于使用承运人的集装箱装运的货物,承运人有权将货物从箱内卸出,存放于仓储公司仓库,由此产生的转运费、仓储费以及搬运过程中造成的事故损失费与责任均由货主承担。

6. 集装箱超期使用费

如货主所使用的集装箱和有关设备为承运人所有,而货主未能在免费使用期届满后将集装箱或有关设备归还给承运人,或送交承运人指定地点,承运人则按规定对超出时间向货主收取集装箱超期使用费。

(四)集装箱附加费的计收

与普通班轮一样,国际集装箱海运运费除计收基本运费外,也要加收各种附加费。附加费的标准与项目,根据航线和货种的不同而有不同的规定。集装箱海运附加费通常包括以下几种形式:

1. 货物附加费（cargo additional）

某些货物,如钢管之类的超长货物、超重货物、需洗舱(箱)的液体货等,由于它们的运输难度较大,因而对此类货物要增收货物附加费。当然,对于集装箱运输来讲,计收对象、方法和标准有所不同。例如,对超长、超重货物加收的超长、超重、超大件附加费(heavy-lift and over-length additional)只对由集装箱货运站装箱的拼箱货收取,其费率标准与计收办法与普通班轮相同。如果采用 CFS/CY 条款,则对超长、超重、超大件附加费减半计收。

2. 变更目的港附加费

变更目的港仅适用于整箱货,并按箱计收变更目的港附加费。提出变更目的港的全套正本提单持有人,必须在船舶抵达提单上所指定的卸货港 48h 前以书面形式提出申请,经船方同意才可变更。如变更目的港的运费超出原目的港的运费时,申请人应补交运费差额,反之,承运人不予退还。由于变更目的港所引起的翻舱及其他费用也应由申请人负担。

3. 选卸港附加费（optional additional）

选择卸货港或交货地点仅适用于整箱托运、整箱交付的货物,而且一张提单的货物只能选定在一个交货地点交货,并按箱收取选卸港附加费。

选港货应在订舱时提出,经承运人同意后,托运人可指定承运人经营范围内直航的或经转运的三个交货地点内选择指定卸货港,其选卸范围必须按照船舶挂靠顺序排列。此外,提单持有人还必须在船舶抵达选卸范围内第一个卸货港 96h 前向船舶代理人宣布交货地点,否则船长有权在第一个或任何一个选卸港将选卸货卸下,即认为承运人已终止其责任。

4. 服务附加费（service additional）

当承运人为货主提供了诸如货物仓储对转关或转船运输以及内陆运输等附加服务时,承运人将加收服务附加费。对于集装箱货物的转船运输,包括支线运输转干线运输,都应收取转船附加费(trans-shipment additional)。

除上述各项附加费外,其他有关的附加费计收规定与普通班轮运输的附加费计收规定相同。这些附加费包括:因港口情况复杂或出现特殊情况所产生的港口附加费(port additional);因国际市场上燃油价焰上涨而增收燃油附加费(bunker adjustment factor,BAF);为防止货币贬值造成运费收入上的损失而收取货币贬值附加费(currency adjustment factor,CAF);因战争、运河关闭等原因迫使船舶绕道航行而增收绕航附加费(deviation surcharge);因港口拥挤致使船舶抵港后不能很快靠卸而需长时间待泊所增收的港口拥挤附加费(port congestion surcharge)等。此外,对于贵重货物,如果托运人要求船方承担超过提单上规定的责任限额时,船方要增收超额责任附加费(additional for excess of liability)。

需指出的是,随着世界集装箱船队运力供给大于运量需求的矛盾越来越突出,集装箱航运市场上削价竞争的趋势日益蔓延,因此,目前各船公司大多减少了附加费的增收种类,将许多附加费并入运价当中,给货主提供一个较低的包干运价。这一方面起到了吸引货源的目的,另一方面也简化了运费结算手续。

第五节 航空运费的计算

航空运输具有速度快,里程短,安全准确,节约包装保险等费用的优点。但其运量小,运输成本和运费较高,易受气候影响。

一、航空运输的基本知识

(一)航线

民航从事的运输飞行,必须按照规定的线路进行,这种线路叫做航空交通线,简称航线。航线不仅确定了航线的具体方向,经停地点,还根据空中管理的需要规定了航线的宽度和飞行的高度层,以维护空中的交通秩序,保证飞行安全。航线按飞机飞行的路线分为国内航线和国际航线。飞机飞行的线路起讫点、经停点均在国内的称为国内航线;飞机飞行的线路跨越本国国境,通达其他国家的航线称为国际航线。

世界上最繁忙的航空线有以下几条:

1.西欧—北美间的北大西洋航空线

该航线主要连接巴黎、伦敦、法兰克福、纽约、芝加哥、蒙特利亚等航空枢纽。

2.西欧—中东—远东航空线

该航线连接西欧各主要机场至香港、北京、东京等机场,并途经雅典、开罗、德黑兰、卡拉奇、新德里、曼谷、新加坡等重要航空站。

3.远东—北美间的北太平洋航线

这是北京、香港、东京等机场经北太平洋上空至北美西海岸的温哥华、西雅图、旧金山、洛杉矶等机场的航空线,并可延伸至北美东海岸的机场。太平洋中部的火奴鲁鲁是该航线的主要中转加油站。

此外,还有北美—南美、西欧—南美、西欧—非洲、西欧—东南亚—澳新、远东—澳新、北美—澳新等重要国际航空线。

(二)航班

飞机由始发站起飞按照规定的航线经过经停点至终点站做运输飞行称为航班。航班分去程航班和回程航班。

(三)航空港

航空港是指位于航线上的、为保证航空运输和专业飞行作业用的机场及其有关建筑物和设施的总称,是空中交通网的基地。航空港由飞行区、客货运服务区和机务维修区三部分组成。其中,飞行区是航空港面积最大的区域,设有指挥台、跑道、滑行道、停机坪、无线电导航系统等设施。航空港的主要任务是完成客货运输服务,保养与维修飞机,保证旅客、货物和邮件正常运送以及飞机安全起降。

航空港按照所处的位置分为干线航空港和支线航空港。按业务范围分为国际航空港和国内航空港,其中国际航空港需经政府核准,可以用来供国际航线的航空器起降营运,航空港内配有海关、移民、检疫和卫生机构;而国内航空港仅供国内航线的航空器使用,除特殊情况外,不对外国航空器开放。

通常来讲,航空港内配有以下设施:

(1)跑道与滑行道:前者供航空器起降,后者是航空器在跑道与停机坪之间出入的通道。

(2)停机坪:供飞机停留的场所。

（3）指挥塔或管制塔：航空器进出航空港的指挥中心，其位置应有利于指挥与航空管制，维护飞行安全。

（4）助航系统：辅助航空器安全飞行的设施，包括通信、气象、雷达、电子及目视助航设备。

（5）输油系统：为航空器补充油料。

（6）维护修理基地：为航空器做归航以后或起飞以前的例行检查、维护、保养和修理。

（7）货运站。

（8）其他各种公共设施：包括水、电、通信交通、消防系统等。

（四）航空器

航空器包括人造的各种能在空气中飞翔的飞行物体，有飞机、气球、飞艇、直升机、滑翔机等，其中飞机是最主要的航空器。

飞机依其分类标准的不同，可有以下划分方法：

（1）按飞机的用途，有民用航空飞机和国家航空飞机之分。国家航空飞机是指军队、警察和海关等使用的飞机，民用航空飞机主要是指民用飞机和直升飞机。民用飞机指民用的客机、货机和客货两用机。

（2）按飞机发动机的类型，有螺旋桨飞机和喷气式飞机之分。螺旋桨式飞机，包括活塞螺旋桨式飞机和涡轮螺旋桨式飞机。飞机引擎为活塞螺旋桨式，这是最原始的动力形式。它利用螺旋桨的转动将空气向机后推动，借其反作用力推动飞机前进。螺旋桨转速愈高，则飞行速度愈快。喷气式飞机，包括涡轮喷气式和涡轮风扇喷气式飞机。这种机型的优点是结构简单，速度快，一般时速可达 500～600 英里；燃料费用节省，装载量大，一般可载客 400～500 人或100 吨货物。

（3）按飞机的发动机数量，有单发（动机）飞机、双发（动机）飞机、三发（动机）飞机、四发（动机）飞机之分。

（4）按飞行的飞行速度，有亚音速飞机和超音速飞机之分。亚音速飞机又分低速飞机（飞行速度低于 400 公里/小时）和高亚音速飞机（飞行速度马赫数为 0.8～8.9）。多数喷气式飞机为高亚音速飞机。

（5）按飞机的航程远近，有近程、中程、远程飞机之别。远程飞机的航程为 11000km 左右，可以完成中途不着陆的洲际跨洋飞行。中程飞机的航程为 3000km 左右。近程飞机的航程一般小于1000km。近程飞机一般用于支线，因此又称支线飞机。中、远程飞机一般用于国内干线和国际航线，又称干线飞机。我国民航总局是采用按飞机客坐数划分大、中、小型飞机，飞机的客坐数在 100座以下的为小型，100～200 座之间为中型，200 座以上为大型。航程在 2400km 以下的为短程，2400～4800km 之间为中程，4800km 以上为远程。但分类标准是相对而言的。

（五）航空运输区划

国际航协将全球分成三个区域，简称为航协区（IATA Traffic Conference Areas），每个航协区内又分成几个亚区。由于航协区的划分主要从航空运输业务的角度考虑，依据的是不同地区不同的经济、社会以及商业条件，因此和我们熟悉的世界行政区划有所不同。

一区（TC1）：包括北美、中美、南美、格陵兰、百慕大和夏威夷群岛。

二区（TC2）：由整个欧洲大陆（包括俄罗斯的欧洲部分）及毗邻岛屿，冰岛、亚速尔群岛，非洲大陆和毗邻岛屿，亚洲的伊朗及伊朗以西地区组成。本区也是和我们所熟知的政治地理区

划差异最多的一个区,它主要有三个亚区:

①非洲区:含非洲大多数国家及地区,但北部非洲的摩洛哥、阿尔及利亚、突尼斯、埃及和苏丹不包括在内。

②欧洲区:包括欧洲国家和摩洛哥、阿尔及利亚、突尼斯三个非洲国家和土耳其(既包括欧洲部分,也包括亚洲部分)。俄罗斯仅包括其欧洲部分。

③中东区:包括巴林、塞浦路斯、埃及、伊朗、伊拉克、以色列、约旦、科威特、黎巴嫩、阿曼、卡塔尔、沙特阿拉伯、苏丹、叙利亚、阿拉伯联合酋长国、也门等。

三区(TC3):由整个亚洲大陆及毗邻岛屿(已包括在二区的部分除外),澳大利亚、新西兰及毗邻岛屿,太平洋岛屿(已包括在一区的部分除外)组成。其中:

①南亚次大陆区:包括阿富汗、印度、巴基斯但、斯里兰卡等南亚国家。

②东南亚区:包括中国(含港、澳、台)、东南亚诸国、蒙古、俄罗斯亚洲部分及土库曼斯但等独联体国家、密克罗尼西亚等群岛地区。

③西南太平洋洲区、包括澳大利亚、新西兰、所罗门群岛等。

④日本、朝鲜区:仅含日本和朝鲜。

(六)航空运输的方式

航空运输方式主要有班机运输、包机运输、集中托运和航空快递业务。

1.班机运输

班机运输(scheduled airline)指具有固定开航时间、航线和停靠航站的飞机。通常为客货混合型飞机,货舱容量较小,运价较贵,但由于航期固定,有利于客户安排鲜活商品或急需商品的运送。

2.包机运输

包机运输(chartered carrier)是指航空公司按照约定的条件和费率,将整架飞机租给一个或若干个包机人(包机人指发货人或航空货运代理公司),从一个或几个航空站装运货物至指定目的地。包机运输适合于大宗货物运输,费率低于班机,但运送时间比班机要长些。

3.集中托运

集中托运(consolidation)可以采用班机或包机运输方式,是指航空货运代理公司将若干批单独发运的货物集中成一批向航空公司办理托运,填写一份总运单送至同一目的地,然后由其委托当地的代理人负责分发给各个实际收货人。这种托运方式,可降低运费,是航空货运代理的主要业务之一。

4.急件专递

急件专递是目前航空运输中最快捷的方式,它由专门经营此项业务的部门和航空公司合作,以最迅速的方式传送急件。

(七)航空集装器

在航空运输中,飞机舱内应有固定集装器的设备,把集装器固定于飞机上,成为飞机的一部分,航空运输中使用的集装器有着严格的规定。

1.集装器按注册和非注册划分

(1)注册的飞机集装器。注册的飞机集装器是政府有关部门授权集装器生产厂家生产,适宜于飞机安全载运,在其使用过程中不会对飞机的内部结构造成损害的集装器。

（2）非注册的飞机集装器。非注册的飞机集装器是指未经政府有关部门授权生产，未取得适航证书的集装器。非注册的飞机集装器不应看作飞机的一部分，所以不允许装入飞机的主货舱。

2.集装器按种类划分

（1）集装板和网套；

（2）结构与非结构的集装棚；

（3）集装箱。

航空货运集装箱类似于机构集装棚，可以分为以下几类：

①主货舱集装箱。主货舱集装箱只能装于全货机或客机的主货舱，这种集装箱的高度一般在163cm以上。

②下货舱集装箱。下货舱集装箱只能装于宽体飞机的下货舱。

③空陆联运集装箱。空陆联运集装箱分为20ft和40ft两种，高和宽为8ft。

此外，还有一些诸如保温箱等具有特殊用途的集装箱。

二、航空运费

（一）航空运费的基本概念

1.货物的航空费用（weight charge）

货物的航空费用是指航空公司将一票货物自始发地机场运输至目的地机场所应收取的航空运输费用，不包括其他费用。该费用根据每票货物所适用的运价和货物的计费重量计算而得。每票货物指使用同一份航空货运单的货物。

2.运价（rate）

运价又称费率，是指承运人对所运输的每一重量单位货物所收取的自始发地机场至目的地机场的航空费用。用以公布航空货物运价的货币称为运价使用始发地货币。一般以运输始发地的本国货币公布运价，也有的以美元代替其本国货币公布运价。

3.计费重量（chargeable weight）

计费重量是指用以计算航空运费的重量。货物的计费重量有可能在下列三个重量中选择：实际重量、体积重量和较高重量分界点的重量。

（1）实际重量。实际重量包括包装在内的货物重量。由于飞机最大起飞全重及货舱可用载重的限制，一般情况下，对于高密度货物(high density cargo)应考虑其实际重量可能会成为计费重量。

（2）体积重量(volume weight)。按照国际航协规则，将货物的体积按一定比例折合成的重量，称为体积重量。受到货舱空间体积的限制，一般对于低密度的货物（low density cargo)即轻泡货物，考虑其体积重量可能会成为计费重量。一般而言，不论货物的形状是否为规则的长方体或正方体，计算货物体积时，均以最长、最宽、最高的三边的厘米长度计算，长、宽、高的小数部分按四舍五入取整，体积重量的折算，换算标准为每6000立方厘米折合1公斤。

$$体积重量(kg) = \frac{货物体积}{6000}$$

（3）较高重量分界点的重量。

计费重量一般采用货物的实际毛重与货物的体积重量两者较高者;但当货物按较高重量分界点的较低运价计算航空运费较低时,则此较高重量分界点的货物起始重量作为货物的计费重量。

国际航协规定,国际货物的计费重量以 0.5 公斤为最小单位,重量尾数不足 0.5 公斤的,按 0.5 公斤计算;0.5 公斤以上不足 1 公斤的,按 1 公斤计算。例如:89.03kg 按 89.05kg 计算;89.603kg 按 90.0kg 计算。

4.最低运费

最低运费指一票货物自始发地机场运输至目的地机场所应收取的航空运费的最低限额。货物按其适用的航空运价与其计费重量计算所得的航空费用,应与货物最低运费相比,取其中高者。

5.其他费用

其他费用是指由承运人、代理人或其他部门收取的与航空货物运输有关的费用。

(二)航空运费的计算

国际航协公布的运价可分为公布直达运价和非公布直达运价。其中,公布直达运价包括普通货物运价(general cargo rate,GCR)、指定商品运价(specific commodity rate,SCR)、等级货物运价(commodity classification rate,CCR)和集装箱货物运价;非公布直达运价包括比例运价和分段相加运价。具体见表 2-5。

表 2-5 国际航协公布的运价

国际航协定价	公布直达运价	普通货物运价 general cargo rate (GCR)	按 N、Q45、Q100、Q300、M 等若干个重量等级分界点定价
		指定商品运价 specific commodity rate (SCR)	(1)较普通货物运价低,属优惠运价 (2)适用于业务稳定或托运大宗货的货主 (3)运费等级代码为 C (4)品名编号可查阅 TACT RATES BOOKS(2) (5)使用该运价需满足: ①该航线上存在指定商品运价 ②品名相符 ③计费重量满足最低重量要求
		等级货物运价 class rate	(1)适用于活动物、贵重货物、书报杂志类货物、作为货物运输的行李、尸体、骨灰、汽车等 (2)在普货运价基础上附加或附减 (3)附加或不附加也不附减的用 S 表示 (4)附减的用 R 表示 (5)对国际联运的等级货物,若某一段承运人对该航段规定有等级货物百分比,应分段相加计算起止地点的空运费
		集装货物运价 unit load device rate	
	非公布直达运价	比例运价 construction rate	
		分段相加运价 combination of rates and charges	

本章主要介绍普通货物运价、指定商品运价、等级货物运价及混合货物运价。

1. 普通货物运价

普通货物运价是指除了等级商品运价和制定商品运价以外的适合于普通货物运输的运价。普通货物运价根据货物的重量不同,分为若干个重量的等级分界点运价。

例如,N:37.51;Q45:28.13;Q100:20.12;Q300:15.28。

其中"N"表示标准普通货物运价,是指45kg以下的普通货物运价(如无45kg以下运价时,则N表示100kg以下普通货物运价)。同时还公布"Q45"、"Q100"、"Q300"等表示不同重量分界点的运价。这里,"Q45"表示45kg以上(包括45kg)普通货物运价,依次类推。对于45kg以上的不同重量分界点的普通货物运价均用"Q"表示。

用货物的计量重量和其适用的普通货物运价计算而得到的航空运费不得低于运价资料上公布的航空运费的最低收费标准。在计算普通货物运费时,需要熟知以下相关术语:

Volume:体积;

Volume Weight:体积重量;

Chargeable Weight:计费重量;

Applicable Rate:适用运价;

Weight Charge:航空运费。

【例2-9】 Routing:BEIJING,CHINA(BJS) to TOKYO,JAPAN(TYO)

Commodity:Sample

Gross Weight:25.2kg

Dimension:82cm×48cm×32cm

计算该批货物的航空运费。

公布运价如表2-6所示。

表2-6 运价表

BEIJING	CN	BJS	
Y. RENMINBI	CNY	KG	
TOKYO	JP	M	230.00
		N	37.51
		45	28.13

解:

Volume:82cm×48cm×32cm=125952cm³

Volume Weight:12592cm³÷6000cm³/kg=20.99kg=21.0kg

Gross Weight:25.2kg

Chargeable Weight:25.5kg

Applicable Rate:GCR N 37.51 CNY/KG

Weight Charge:25.5×37.51=CNY956.51

航空货运单运费计算栏填制如表2-7所示。

表 2-7 航空货运单运费计算栏

No. of Pieces RCP	Gross Weight Kg	Lb	Rate Class		Chargeable Weight	Rate/ Charge	Total	Nature and Quantity of Goods(Incl. Dimensions or Volume)
			Commodity Item No.					
1	25.2	K	N		25.5	37.51	956.51	Sample DIMS: 82cm× 48cm×32cm

【例 2-10】

Routing:BEIJING,CHINA(BJS) to AMSTERDAM,HOLLAND(AMS)

Commodity：PARTS

Gross Weight：38.6kg

Dimension：101cm×58cm×32cm

计算该批货物的航空运费。

公布运价如表 2-8 所示。

表 2-8 运价表

BEIJING Y. RENMINBI	CN CNY		BJS KG
AMSTERDAM	NL	M	230.00
		N	50.22
		45	41.53
		300	37.52

解:

(1)按实际重量计算。

Volume：101cm×58cm×32cm=187456cm³

Volume Weight：187456cm³÷6000cm³/kg=31.24kg=31.5kg

Gross Weight：38.6kg

Chargeable Weight：39.0kg

Applicable Rate:GCR N 50.22 CNY/KG

Weight Charge：39.0×50.22=CNY1958.58

(2)采用较高重量分界点的较低运价计算。

Chargeable Weight：45.0kg

Applicable Rate:GCR Q 41.53 CNY/KG

Weight Charge：45.0×41.53=CNY1868.85

(1)与(2)比较,取运费较低者,即 CNY1868.85。

航空货运单运费计算栏填制如表 2-9 所示。

表2-9 航空货运单运费计算栏

No. of Pieces RCP	Gross Weight	Kg Lb	Rate Class		Chargeable Weight	Rate/ Charge	Total	Nature and Quantity of Goods(Incl. Dimensions or Volume)
			Commodity Item No.					
1	38.6	K	Q		45.0	41.53	1868.85	PARTS 101cm×58cm× 32cm

此例题为较高重量分界点的运价计算。计算运费时按实际重量与体积重量选择较高者作为计费重量计算运费后,再看如此计费重量与较高重量分界点的重量较接近,则试着用分界点重量作为计费重量计算运费,二者选择较低者即可。

2.指定商品运价

指定商品运价是指适用于自规定的始发地至规定的目的地运输特定品名货物的运价。通常情况下,指定商品运价低于相应普通货物运价。就其性质而言,该运价是一种优惠性质的运价。签于此,在使用指定商品运价时,对于货物的起讫地点、运价的使用期限、货物运价的最低重量起点等均有特定的条件。

(1)指定商品运价的使用规则。

在使用指定商品运价时,只要所运输的货物满足下述三个条件,则运输始发地和目的地就可以直接使用指定商品运价。

①运输始发地至目的地之间有公布的指定商品运价。

②托运人所交运的货物,其品名与有关的指定商品运价的货物品名相吻合。

③货物的计费重量满足制定商品运价使用时的最低重量要求。

使用指定商品运价计算航空运费的货物,其航空货运单的"rate class"栏,用字母"C"表示。

(2)指定商品运费计算步骤。

①先查询运价表,如有指定商品代号,则考虑使用制度商品运价。

②查找运价表的品名表,找出与运输货物品名相对应的指定商品代号。

③如果货物的计费重量超过指定商品的最低重量,则优先使用指定商品运价。

④如果货物的计费重量没有达到指定商品的最低重量,则需比较计算。

(3)从中国始发地的常用指定商品代号。

从整个国际航协来看,指定商品代码很多,但我们主要了解从北京始发地的货物的指定商品代码,记住常用的指定商品代码。

①0007 FRUITS,VEGETABLES 水果,蔬菜;

②0008 FRUITS,VEGETABLES—FRESH 新鲜的水果,蔬菜;

③0300 FISH(EDIBLESEAFOOD) 鱼(可食用的),海鲜、海产品;

④1093 WORMS 沙蚕;

⑤7481 RUBBER TYRES,RUBBLE TUBES 橡胶轮胎,橡胶管。

【例 2-11】
Routing：BEIJING,CHINA(BJS) to OSAKA,JAPAN(OSA)
Commodity：FRESH APPLES
Gross Weight：EACH 65.2kg,TOTAL 5 PIECES
Dimension：102cm×44cm×25cm ×5
计算该批货物的航空运费。
公布运价如表 2-10 所示。

表 2-10　运价表

BEIJING		CN		BJS
Y. RENMINBI		CNY		KG
OSAKA	JP	M		230.00
		N		37.51
		45		28.13
	0008	300		18.80
	0300	500		20.61

解：查找指定商品定价表中的品名表,品名编号"0008"所对应的货物名称为"FRUITS,VEGETABLES—FRESH",现在承运的货物 FRESH APPLES,符合指定商品代码"0008",货主交运的货物重量326kg符合"0008"指定商品运价使用时的最低重量要求 300kg。

Volume：$102cm×44cm×25cm×5=561000cm^3$

Volume Weight：$561000cm^3÷6000cm^3/kg=93.5kg$

Gross Weight：65.2×5=326.0kg

Chargeable Weight：326.0kg

Applicable Rate：SCR 0008/Q300　18.80 CNY/KG

Weight Charge：326.0×18.80=CNY6128.80

航空货运单运费计算栏填制如表 2-11 所示。

表 2-11　航空货运单运费计算栏

No. of Pieces RCP	Gross Weight	Kg Lb	Rate Class		Chargeable Weight	Rate/ Charge	Total	Nature and Quantity of Goods(Incl. Dimensions or Volume)
				Commodity Item No.				
5	326.0	K	C	0008	326.0	18.80	6128.80	FRESH APPLES 102cm×44cm×25cm×5

【例 2-12】　按指定商品运价计算。
Routing：BEIJING,CHINA(BJS) to NAGOVA,JAPAN(NGO)
Commodity：FRESH ORANGE

Gross Weight：EACH 47.8kg，TOTAL 6 PIECES

Dimension：128cm×42cm×36cm ×6

计算该批货物的航空运费。

公布运价如表 2-12 所示。

表 2-12　运价表

BEIJING			CN	BJS
Y. RENMINBI			CNYKG	
OSAKA	JP		M	230.00
			N	37.51
			45	28.13
	0008		300	18.80
	0300		500	20.61

解：（1）按普通运价使用规则计算。

Volume：128cm×42cm×36cm×6＝1161216cm³

Volume Weight：1161216cm³÷6000cm³/kg＝193.536＝194.0kg

Gross Weight：47.8×6＝286.8kg

Chargeable Weight：287.0kg

分析：由于计费重量没有满足指定商品代码 0008 的最低重量要求 300kg，因此只能先用普通货来算。

Applicable Rate：GCR 0008/Q45　28.13 CNY/kg

Weight Charge：287.0×28.13＝CNY8073.31

（2）按指定商品运价使用规则计算。

Actual Gross Weight：286.8kg

Chargeable Weight：300.0kg

Applicable Rate：SCR 0008/Q300 18.80 CNY/kg

Weight Charge：300.0×18.80＝CNY5640.00

对比（1）与（2），取运费较低者，即 CNY5640.00。

航空货运单运费计算栏填制如表 2-13。

表 2-13　航空货运单运费计算栏

No. of Pieces RCP	Gross Weight	Kg Lb	Rate Class		Chargeable Weight	Rate/ Charge	Total	Nature and Quantity of Goods(Incl. Dimensions or Volume)
				Commodity Item No.				
6	286.8	K	C	0008	300.0	18.80	5640.00	FRESH ORANGE 128cm×42cm× 36cm×6

值得注意的是,在使用指定商品定价计算运费时,如果其指定商品定价直接使用的条件能直接满足,则按商品指定商品定价计算;如果指定商品定价直接使用的条件不能直接满足,则按普通货物运价计算。例如,货物的计费重量没有达到指定商品定价使用的最低重量要求,使得按指定商品定价计算的运费高于按普通货物定价计算的运费时,则按普通货物定价计算;如按指定商品运价计算的运费低于按普通货物定价时,则按指定商品定价计收。

3.等级货物的运价计算

(1)live animal(活动物)。

①查询《活动物运价表》;

②TC3 内的出生不足 72 小时的幼禽,凡 TC 之间(起讫地点为美、加的除外)的运输,一般按 Normal GCR or over 45kg 支付;

③对 Normal GCR 和 Normal GCR or over 45kg 均不考虑较高重量点的较低运价;

④对" % of Appl. GCR"则可考虑较高重量点的较低运价;

⑤属 TC3 区内的,为相应 M 的 200%;

属 TC2 区和 TC3 区之间的,为相应 M 的 200%;

属 TC1 区与 TC3 区之间的(起讫地点为美、加的除外),为相应 M 的 200%;

属从 TC3 区到 USA 的,为相应 M 的 110%;

属从 USA 到 TC3 区的,为相应 M 的 150%;

属 TC3 区与加拿大之间的,为相应 M 的 150%。

(2)valuable cargo(贵重货物)。

所有航空区均按 200% of the Normal GCR 计算;最低运费按公布 M 的 200%,且≥USD50/等值货币。

(3)newspaper、magazine、books、catalogues(书报、杂志)。

①属 TC1 内、TC1 和 TC2 之间的运输,按 67% of the Normal GCR;

②其他按 50% of the Normal GCR;

③最低运费按公布的最低运费 M 收取。

④可使用普通货物的较高重量点的较低运价。

(4)baggage shipped as cargo(作为货物运输的行李)。

①50% of the Normal GCR;

②适用于 TC2 区(全程为欧洲分区的除外)、TC3 或 TC2 与 TC3 之间(起讫地点为美国领地的除外)、TC1 与 TC2 之间(起讫地点为美国、美国领地、格陵兰岛的除外);

③不包括 TC3(如中国)与 TC1 间的运输;

④可使用普通货物的较高重量点的较低运价;

⑤最低运费计算方法为:运费=最低计费重量 10kg×适用运价,将计算结果与公布的 M 相比,取较高者。

(5)human remain(尸体、骨灰)。

①对骨灰(ashes):TC2 区内按 300% of Normal GCR,其余地区按适用运价。

②对尸体(coffin):TC2 区内按 200% of the Normal GCR;其余地区按 100% of the Normal GCR;

最低运费:TC2 区内按公布最低运费 M 的 200%,且≥USD65/等值货币计算;其余各区按公布的最低运费 M 计算。

知识拓展

一区(TC1)包括:南北美洲大陆及其邻近的岛屿,还包括格陵兰、百慕大、西印度群岛、加勒比群岛,以及夏威夷群岛。

二区(TC2)包括:欧洲、非洲及其邻近岛屿,包含阿松森岛及乌拉尔山以西部分(包括伊朗)的亚洲部分。

注意:IATA 定义的欧洲次区除了包括地理上的欧洲外,还应加上突尼斯、阿尔及利亚、摩洛哥、加纳利群岛、马德拉群岛及塞浦路斯和土耳其的亚洲部分。

三区(TC3)包括:亚洲及其邻近岛屿(不包括二区内的)东印度群岛、澳大利亚、新西兰以及太平洋中的群岛(不包括一区内的)。

(6)运价的使用顺序:优先使用协议运价;对公布直达运价的,按指定商品运价、等级货物运价、普通货运运价依次选择使用;对适用指定商品运价的货物,若重量未达最低要求,可用指定商品运费与普货运费进行比较,取其低者。

若同时适用附加的等级货物,只需用指定商品运费与等级货物运费比较,取其低者。对适用附减的等级货物,需用等级货物运价与普通货运价相比较取其低者。若无公布直达运价,则使用非公布直达运价。其优先顺序是:优先使用比例运价构成全程直达运价。若无比例运价,按分段相加法组成全程最低运价。

其中"Normal GCR"表示使用 45kg 以下的普通货物运价,若无 45kg 以下的普通货物运价,可使用 100kg 以下普通货物运价。不考虑较高重量点较低运价。

"Normal GCR or over 45kg"表示使用 45kg 以下普通货物运价或 45kg 以上普通货物运价。不考虑较高重量点较低运价。

"Appl. GCR"表示使用相适应的普通货物运价。

【例2-13】 活动物的运价计算。

已知:Routing:北京 to 纽约

Commodity:东北虎

Gross Weight:1 只,重 270.0kg

Dimensions:240cm×120cm×60cm

运费费率表如表 2-14 所示,问:如何填具货运单中的有关内容?

表 2-14 运费费率表

BEIJING	CN		BJS
Y. RENMINBI	CNY		KGS
NEW YORK	US	M	630.00
		N	64.46
		45	48.34
		100	45.19
		300	41.86

解：

(1)查询活动物运价表，从北京运往纽约，属于自三区运往一区的美国，运价的构成形式是"110% of Appl. GCR"。

(2)查询北京口岸国际航空货运标准运价(FROM BEIJING TO)。

(3)按 W/M 计算。

Volume：240cm×120cm×60cm＝1728000cm³

Volume Weight：1728000cm³÷6000cm³/kg＝288.0kg

Gross Weight：270.0kg

按 W/M 计费标准和计算原则，可得：

Chargeable Weight：288.0kg

Applicable Rate：S 110% of Applicable GCR

110%×45.19CNY/kg＝49.71CNY/kg

Weight Charge：288.0×49.71＝CNY14316.48

(4)由于计费重量已经接近下一个较高重量点300kg，试采用较高重量分界点的较低运价计算：

Chargeable Weight：300.0kg

Applicable Rate：S 110% of Applicable GCR

110%×41.86CNY/kg＝46.05CNY/kg

Weight Charge：300.0×46.05＝CNY13815.00

(5)将(3)和(4)比较，取运费较低者，即：

Weight Charge：CNY13815.00

(6)航空货运单的有关填制内容如表 2-15 所示。

表 2-15　航空货运单

No. of Pieces RCP	Gross Weight	Kg Lb	Rate Class		Chargeable Weight	Rate/ Charge	Total	Nature and Quantity of Goods
				Commodity Item No.				
1	270.0	K	S	Q110	300	46.05	13815	NORTH-EAST TIGER 240cm×120cm× 60cm

【例 2-14】　若往巴黎运送两箱幼禽，每箱重 25.0kg，体积为 70cm×50cm×50cm×2，则如何填具货运单中的有关内容？

解：

(1)查找活动物运价表，从北京运往巴黎，属于 TC3 运往 TC2，运价的构成形式是"Normal GCR or over 45kg"。

(2)计算运费。

Volume：70cm×50cm×50cm×2＝350000cm³

Volume Weight：350000cm³÷6000cm³/kg＝58.33kg＝58.5kg

Total Gross Weight：25.0×2＝50.0kg

按 W/M 计费标准和计算原则，可得：

Chargeable Weight：58.5kg

Applicable Rate：S Normal GCR or over 45kg

$$100\%×48.34CNY/kg＝48.34CNY/kg$$

Weight Charge：58.5×48.34＝CNY2827.89

（3）航空货运单的有关填制内容如表 2-16 所示。

表 2-16 航空货运单

No. of Pieces RCP	Gross Weight	Kg Lb	Rate Class		Chargeable Weight	Rate/ Charge	Total	Nature and Quantity of Goods
			Commodity Item No.					
2	50	K	Q100		58.5	48.34	2827.89	Baby poultry 70cm × 50cm × 50cm×2

4.混合货物运价计算

所谓混合货物，是指使用同一份货运单运输的货物，包含有不同的运价、不同的运输条件。混运货物中不得含有特种货物（贵重货物、活动物、尸体、骨灰、外交信袋、作为货物运送的行李）和机动车辆（电力自动车辆除外）。

【例 2-15】 已知：

Routing：BEIJING，CHINA(BJS) to OSAKA，JAPAN(OSA)

Commodity：Books and Handicraft and Apple(fresh)

Gross Weight：100.0kg and 42.0kg and 80.0kg

Dimensions：4 Pieces 70cm×47cm×35cm

　　　　　　　and 1 Pieces100cm×60cm×42cm

　　　　　　　and 2 Pieces 90cm×70cm×32cm

其公布运价如表 2-17 所示。

问：如何填具货运单中的有关内容？

表 2-17 运价表

BEIJING Y. RENMINBI		CN CNY		BJS KG
OSAKA	JP		M	230.00
			N	37.51
			45	28.13
		0008	300	18.80
		0300	500	20.61
		1093	100	18.43
		2195	500	18.80

解: 这是一票混运货物,先分别按批、按件申报,比较二者的运费,取低者。

(1)若按批申报,查询有关运价表内容,计算相关运费:

Volume: $70 \times 47 \times 35 \times 4 = 460600\text{cm}^3$

$\qquad 100 \times 60 \times 42 = 252000\text{cm}^3$

$\qquad 90 \times 70 \times 32 \times 2 = 403200\text{cm}^3$

$\qquad 460600 + 252000 + 403200\text{cm}^3 = 1115800\text{cm}^3$

Volume Weight: $1115800\text{cm}^3 \div 6000\text{cm}^3/\text{kg} = 185.97\text{kg} = 186.0\text{kg}$

Gross Weight: $100.0\text{kg} + 42.0\text{kg} + 80.0\text{kg} = 222.0\text{kg}$

按 W/M 计费标准和计算原则,可得:

Chargeable Weight: 222.0kg

Applicable Rate: GCR/Q45 28.13 CNY/kg

Weight Charge: $222.0 \times 28.13 = \text{CNY}6244.86$

(2)若按件分别申报,则:

①BOOKS。

Volume: $70 \times 47 \times 35 \times 4 = 460600\text{cm}^3$

Volume Weight: $460600\text{cm}^3 \div 6000\text{cm}^3/\text{kg} = 76.77\text{kg} = 77.0\text{kg}$

Gross Weight: 100.0kg

按 W/M 计费标准和计算原则,可得:

Chargeable Weight: 100.0kg

Applicable Rate: R 50% of the Normal GCR

$\qquad 50\% \times 37.51 = \text{CNY}18.755 = \text{CNY}18.76$

Weight Charge: $100.0 \times 18.76 = \text{CNY } 1876.00$

②HANDICRAFT。

Volume: $100 \times 60 \times 42 = 252000\text{cm}^3$

Volume Weight: $252000\text{cm}^3 \div 6000\text{cm}^3/\text{kg} = 42.0\text{kg}$

Gross Weight: 42.0kg

按 W/M 计费标准和计算原则,可得:

Chargeable Weight: 42.0kg

Applicable Rate: GCR/N 37.51 CNY/kg

Weight Charge: $42.0 \times 37.51 = \text{CNY}1575.42$

按较高重量点的较低运价计算:

$45.0 \times 28.13 = \text{CNY}1265.85$

二者取较低者,得:

Weight Charge: CNY1265.85

③APPLE(FRESH)。

Volume: $90 \times 70 \times 32 \times 2 = 403200\text{cm}^3$

Volume Weight: $403200\text{cm}^3 \div 6000\text{cm}^3/\text{kg} = 67.2\text{kg} = 67.5\text{kg}$

Gross Weight: 80.0kg

按 W/M 计费标准和计算原则,可得:

Chargeable Weight：80.0kg

由于计费重量没有满足指定商品代码0008的最低重量要求300kg,因此只能先用普通货物来计算。

Applicable Rate：GCR/Q45 28.13CNY/kg

Weight Charge：80.0×28.13＝CNY2250.40

④三种费用相加,得:

CNY1876.00＋ CNY1265.85＋ CNY2250.40＝CNY5392.25

(3)比较(1)、(2),知应该按件分别申报,运费为 CNY5392.25。

(4)航空货运单计算栏填制。如表2-18所示。

表2-18　航空货运单计算栏

No. of Pieces RCP	Gross Weight	Kg Lb	Rate Class		Chargeable Weight	Rate/ Charge	Total	Nature and Quantity of Goods(Incl. Dimensions or Volume)
				Commodity Item No.				
4	100.0	K	S	N50	100.0	18.76	1876.00	BOOKS
1	42		Q		45.0	28.13	1265.85	HANDICRAFT
2	80		C	0008	80.0	28.13	2250.40	APPLE(FRESH)
7	222						5392.25	

第六节　出口陆运运费的核算

一、铁路运输

(一)铁路运输的特点

铁路运输是现代运输业的主要运输方式之一。其特点是运输速度快、运载量大、安全可靠、运输成本低、运输的准确性和连续性强,并且受气候因素影响较小等。

我国铁路运输起作用具体表现在:

(1)通过铁路把欧、亚大陆连成一片,从而为我国与亚洲、欧洲各国之间的经济贸易联系提供了十分有利的条件。

我国与朝鲜、蒙古、前苏联、越南等国的进出口货物,绝大部分是通过铁路来运输的。我国与东欧、西欧、北欧和中东地区的一些国家,也是通过国际铁路联运来运送出口货物。

(2)铁路也是我国内地与港、澳地区进行贸易的重要运输方式。香港作为国际贸易自由港,有通往世界各地的海、空定期航线,交通运输非常发达。这有利于在香港地区进行转口贸易,开展陆空联运和陆海联运。

(3)铁路运输在进出口货物的集散和省与省之间物资调拨方面起着重要的作用。

此外,我国海运出口货物向港口集中以及进口货物向内地运输,主要是由铁路承担的。至于国内各地区之间的外贸物资、原材料、半成品的分拨调运,大都依赖铁路运输。

总之,在对外贸易中,一般都通过铁路运输这一重要环节,铁路运输仅次于海运,在对外贸易运输中起着举足轻重的作用。

(二)铁路运输知识

1.铁路线路

铁路线路是机动车辆和列车运行的基础。铁路线路是由路基、桥隧建筑物和轨道组成的一个整体的工程结构。

(1)铁路轨距(rail gauge)。

铁路轨距指线路上两股钢轨头部的内侧距离。由于轨距不同,列车在不同轨距交接的地方必须换装或更换轮对。铁路轨距按其大小不同,可分为宽轨、标准规和窄轨三种。标准轨的轨距为1435毫米;大于标准轨的为宽轨,其轨距为1524毫米和1520毫米;窄轨轨距为1067毫米和1000毫米。我国铁路基本上采用标准规矩,但我国台湾和海南岛铁路轨距为1067毫米,昆明铁路局部分轨距为1000毫米。

(2)铁路限界(rail gauge)。

为了确保机动车辆在铁路线路上运行的安全,防止机车撞击临近线路的建筑物和设备,而对机动车辆和接近线路的建筑物、设备所规定的不允许超越的轮廓尺寸线,称为限界。

铁路基本限界分为机动车辆限界和建筑接近限界两种。

机动车辆限界是机动车辆横断面的最大极限,它规定了机车车辆不同部位的宽度、高度的最大尺寸和底部零件至轨面的最小距离。

建筑接近限界是一个和线路中心线垂直的横断面,它规定了保证机车通行所必需的横断面的最小尺寸。机动车辆限界与桥梁隧道等建筑限界相互制约。

2.铁路机车(locomotive)

铁路车辆本身没有动力装置,无论是客车还是货车,都必须把许多车辆连在一起编成一列,由机车牵引才能运行。所以,机车是铁路运输的基本动力。铁路上使用的机车很多,按机车原动力,可分为蒸汽机车、内燃机车和电力机车三种。电力机车被公认为是最有发展前途的一种机车,它在运营上有良好的经济效果。

3.车辆

铁路车辆是运送旅客和货物的工具,分为货车和客车两大类。以下对货车进行介绍。

(1)按用途划分。货车按用途划分为通用货车和专用货车。

通用货车分为棚车、敞车和平车三类。

①棚车(covered cars):车体由端墙、侧墙、棚顶、地板和门窗等部分组成,用于运送比较贵重和怕潮湿的货物。

②敞车(open cars):敞车仅有端、侧墙和地板,主要装运不怕湿损的散装或包装货物。但在必要时可加篷布防雨。

③平车(flat cars):大部分平车只有一平底板,部分装有很低的侧墙和端墙,且能翻倒,适于装载重量、体积或长度较大的货物。

专用货车是专供装运某些指定种类货物的车辆,它包括保温车、罐车和家畜车。

①保温车(cold storage cars):其墙板由两层壁板构成,壁板间用绝缘材料填充,以减少外

界气温的影响。主要用于运送新鲜蔬菜、鱼、肉等易腐货物。

②罐车(tank cars):车体为圆筒形,罐体上设有装卸口,还设有空气包和安全阀等设备,以保证运送液体时的安全。罐车主要用于运送液化石油气、汽油、盐酸、酒精等液态货物及散装水泥等。

③家畜车:运送活家禽、家畜等的专用车,车内有给水、饲料的储存装置,还有押送人乘坐的设施。

此外,专用货车还有煤车、矿石车、矿砂车等。

(2)按载重重量划分。按照载重重量,我国货车可分为 20 吨以下、25～40 吨、50 吨、60 吨、65 吨、75 吨、90 吨等不同的车辆。为了多装快运降低货运成本,我国目前多制造 60 吨的车辆。

(3)按轴数划分。按照轴数划分,车辆可分为四轴车、六轴车和多轴车等。我国铁路以四轴车为主。

(4)按制作材料划分。按照制作材料,货车可以划分为钢骨车、全钢车以及用铝合金、玻璃钢等材料制作的货车。钢骨车是其车底架及梁柱等主要受力部分用钢材、其他部分用木材制成的车辆,因而具有自重轻、成本低等优点。全钢车,坚固耐用、检修费用低,适合于高速运行。

4.车辆标记

车辆标记是标志在铁路机车和车辆的一定位置上,用以表示产权、型别、车号、基本性能、配属及使用中的注意事项等的符号,主要有以下几类:

(1)路徽。铁路企业的标志,涂画在机车车辆上时表示其产权所属。各国铁路不论其为国营企业还是私营企业,都有自己的路徽。拥有机车车辆的非铁路企业也各有自己的标记。中华人民共和国的铁路路徽 ⊕ 上部的是人字,表示人民;下面是钢轨截面图形,代表铁路。整个图形具有机车的形象,又表达了人民铁路的含义。中国用于国际联运的客车在车体两侧中部挂国徽。

(2)配属标记。配属标记是表示机车车辆配属关系的标记。中国铁路规定所有机车、客车和部分货车分别配属给各铁路局及其所属机务段或车辆段负责管理、使用和维修,并在车上涂刷所配属的铁路局段的简称,如"京局京段"表示北京铁路局北京机务段(或北京车辆段)。部属车以部字表示。

(3)制造标记。制造标记是表示机车车辆的制造工厂名称和制造年月的标记,又称工厂铭牌,一般安装在机车车辆指定位置上。

(4)检修标记。检修标记表示车辆进行定期检修的单位和年月,以及下次检修年月的标记。

(5)运用标记。运用标记有车种标记、车号、定位标记、基本数据标记等。

①车种标记:表明客车、特种用途车车辆种类的标记,以汉字方式表示,标在车体两侧板端部。机车和货车上没有单独的车种标记。

②车号:由机车车辆型号及其出厂号码组成,通常标在机车车辆两侧明显处。型号包括基本型号和辅助型号,表示机车车辆的类型。中国铁路国产机车的基本型号用汉字表示,如"前进"、"东风"、"韶山"等;进口机车和客货车辆的基本型号用汉语拼音方式表示,如 ND 表示电

力传动柴油机车。辅助型号表示机车车辆的不同结构系列,用阿拉伯数字表示,附于基本型号右下角。序号按车种和标记载重编号,由主管部门指定范围,制造工厂按出厂顺序编列。

③定位标记:表示机车车辆前后端位置并用以命名同名零部件的标记。中国铁路规定,在客货车辆上以装有手制动装置的一端或以制动缸活塞杆伸出方向的一端为"1位端",其他端为"2位端",它们用阿拉伯数字"1"、"2"分别表示并涂刷在车体两侧端部。对于前后并置的同名零部件按其位置由1位端至2位端顺序命名,如一位转向架、二位横梁、三位车轴等。对于左右并置的同名零部件,以观察者在1位端面向车辆时左手侧为单数,右手侧为复数并结合前后位置命名,如1位侧梁、6位轴箱等。车的前后位依其动力装置的排列方式确定,并以罗马数字Ⅰ、Ⅱ分别表示。

④基本数据标记:表示客车和货车基本性能的标记。通常货车标在车体两侧,客车则标在车体两端。主要内容有:

a.载重,车辆允许的最大装载重量。客车的载重量中除旅客及其随带行李外,还包括整备品和乘务人员的重量。

b.自重,车辆自身的重量,通过称重确定。

c.容积,货车、行李车和邮政车可供装载的最大容量,以立方米计。货车通常还标明内长×内宽×内高尺寸,以米为单位。

d.全长和换长,客货车辆均以其两端车钩连结线(钩舌内侧面)间的距离为其全长,以米为单位。车辆换长是车辆的换算长度,又称计长,是以旧型30吨棚车和敞车的平均长度11米除以车辆全长所得的商,只保留一位小数。

(6)其他标记。其他标记包括表示机车车辆设备、用途和结构特点的各种标记。如MC为国际联运标记,表示该车可用于国际联运;b为禁上驼峰标记,表示该车禁止通过调车场机械化驼峰;c为人字标记,表示该棚车有车窗和床托等,必要时可输送人员;d为环形标记,表示该车辆有拴马环或其他装置,可输送大牲畜;e为关字标记,表示该车活动墙板等活动部分翻下时,该部位超出车辆限界;f表示该车有部分配件超过车辆限界,如有些棚车的雨檐等,但不致危及行车安全;g为特运标记,表示该车可装运某些特定货物;h为顶车标记,表明机车车辆底架下平面允许进行顶车作业;i为吊装标记,表明机车车辆上允许进行吊装作业的部位;j为危险标记,其为宽200毫米的色带(有毒品为黄色,爆炸品为红色),涂在装运危险品和酸碱类货物车辆的车体四周,色带上或色带中间有"危险"两字。

(三)铁路运输线路

1.主要国际铁路线路

(1)西伯利亚铁路。该铁路东起海参崴,途经伯力、赤塔、伊尔库次克、新西伯利亚、鄂木斯克、车里雅宾斯克、古比雪夫,止于莫斯科,全长9300多千米。以后又向远东延伸至纳霍德卡和东方港。该线东连朝鲜和中国,西接北欧、中欧、西欧各国,再由莫斯科往南可接伊朗。我国与前苏联、东欧国家及伊朗之间的贸易,主要用此干线。

(2)加拿大连接东西两大洋的铁路。

①鲁珀特港—埃德蒙顿—温尼伯—魁北克(加拿大国家铁路);

②温哥华—卡尔加里—温尼伯—散德贝—蒙特利尔—圣约翰—哈利法克斯(加拿大太平洋大铁路)。

(3)美国连接东西两大洋的铁路。

①西雅图—斯波坎—俾斯麦—圣保罗—芝加哥—底特律(北太平洋铁路);

②洛杉矶—阿尔布开克—堪萨斯城—圣路易斯—辛辛那提—华盛顿—巴尔的摩(圣菲铁路);

③洛杉矶—图森—帕索—休斯顿—新奥尔良(南太平洋铁路);

④旧金山—奥格登—奥马哈—芝加哥—匹兹堡—费城—纽约(联合太平洋铁路)。

(4)中东—欧洲铁路。从伊拉克的巴士拉,向西经巴格达、摩苏尔、叙利亚的穆斯林米亚、土耳其的阿达纳、科尼亚、厄斯基色希尔至博斯普鲁斯海峡东岸的于斯屈达尔,过博斯普鲁斯大桥至伊斯坦布尔,接巴尔干铁路,向西经索非亚、贝尔格莱德、布达佩斯至维也纳,是连接中东、西欧铁路网。

2.我国国内主要铁路干线

我国现已形成由京沪、京哈、沿海、京九、京广、大湛、包柳、兰昆"八纵"和京兰(藏)、煤运北、煤运南、陆桥、宁西、沿江、胡坤(成)、西南出海"八横"组成的一个横贯东西、沟通南北、干支结合的"八纵八横"铁路运输通道。其中通往邻国的铁路干线如下:

(1)通往朝鲜的铁路。

①沈丹线(原称奉安铁路):从京哈线上的沈阳出发,经本溪、凤城,到达中朝界河鸭绿江边的丹东,跨过鸭绿江大桥与朝鲜新义州接轨,全长277千米。沈丹线是辽宁省及关内地区、蒙古、俄罗斯通往朝鲜的主要铁路干线。由凤城出发转道经过宽甸的铁路,也与朝鲜铁路接轨,成为辽宁省另一条中朝铁路联络线。边境口岸丹东市现已发展成为辽东地区的政治、经济、文化中心和中国最大的边境城市。

②长图线:自京哈线上的长春出发,经吉林、敦化到达中朝界河图们江边的图们市,过江后与朝鲜罗津铁路相连,全长529千米,是吉林省通向朝鲜的主要铁路干线。长图铁路支线——朝开铁路(从朝阳川至图们江边开山屯,与朝鲜铁路接轨),为另一条中朝铁路联络线。图们市位于图们江下游,是国家一类边境口岸城市,具有沿边、沿江、沿线和近海特点,是中、朝、日、俄等国多边贸易物资的中转口岸。

(2)通往俄罗斯的铁路。

①滨洲线:从京哈线上的哈尔滨出发,经大庆、富拉尔基、海拉尔,到达边境城市满洲里市,与俄罗斯外贝加尔西伯利亚铁路连接,全长935千米,是东北三省到达俄罗斯西伯利亚的一条交通干线。满洲里处于"亚欧第一大陆桥"的交通要冲,是首批国家沿边开放城市和内蒙古对俄贸易的主要通商口岸,现已发展成为我国最大陆路口岸。

②滨绥线:从京哈线上的哈尔滨出发,经尚志、牡丹江到达中俄边境的绥芬河市,与俄罗斯远东铁路接轨,可达俄罗斯远东最大城市符拉迪沃斯托克(海参崴),全长548千米,是中国连接俄罗斯西伯利亚铁路的另一条铁路交通干线。1992年,享有"国境商都"之美誉的绥芬河市被国务院批准为开放城市,现成为欧亚大陆桥上一座新兴的国际商贸城市,是中国通往日本海的最大陆路贸易口岸。同时,它又是多国商品转运中心。

(3)通往越南的铁路。

①昆河铁路(原为滇越铁路北段):自昆明东南行,经宜良、开远到达边境城市河口,全长464千米,与越南老街铁路接轨后直达河内,是我国内联西南、外联越南及东南亚的第二条重要的交通要道。1992年,河口口岸成为国家一类开放口岸,河口与越南一桥相通,随着中越国际联运的重新开通,河口由改革开放的末端变成了前沿,成为云南走向世界的一个口岸。

②湘桂线:从京广线上的衡阳向西南行,经东安、桂林、柳州、南宁到达中越边境城市凭祥,

通过友谊关与越南谅山地区铁路接轨,全长 1013 千米,是我国通往越南及东南亚最大、最便捷的陆路通道。凭祥市地处中国大陆和东南亚两大经济区域的结合部,素有"中国南大门"之称,是新崛起的对外开放口岸城市,也是我国与越南交往的主要城市。

(4)通往哈萨克斯坦的铁路。

北疆铁路:自兰新铁路的西端乌鲁木齐出发,经石河子、奎屯、乌苏到边境城市博乐,通过阿拉山口与哈萨克斯坦铁路接轨,西行可达阿拉木图,全长 467 千米,1990 年竣工,是我国通往哈萨克斯坦、中亚各国及俄罗斯的主要铁路交通干线,是连接"亚欧大陆桥"的重要组成部分。位于天山西段北麓的博乐市是博尔塔拉蒙古自治州政府所在地,是西北疆物资集散地之一,是我国面向中亚各国的重要贸易口岸。

(5)通往蒙古的铁路。

集二铁路:1955 年建成。自京包铁路的集宁北行,经察哈尔、苏尼特到达中蒙边境城市二连浩特市,与蒙古的扎门乌德铁路接轨,全长 331 千米,是通往蒙古的主要铁路交通干线和连接莫斯科的国际联运干线。集二铁路的建成,使北京至莫斯科较经满洲里的运程缩短了 1000 多千米。二连浩特市是我国对外贸易物资转运站、北京—莫斯科国际铁路干线的必经之地和重要的口岸城市。

(四)国际铁路货物联运

1.概述

国际铁路货物联运是指在两个或两个以上国家之间进行铁路货物运输时只使用一份统一的国际联运票据,由一国铁路向另一国铁路移交货物时,无需发货人、收货人参加,铁路当局对全程运输负连带责任。

参加国际铁路联运的国家分两个集团,一是有 32 个国家参加并签订有《国际铁路货物运送公约》的"货约"集团;另一个是曾有 12 个国家参加并签订有《国际铁路联运协定》的"货协"集团。"货协"国家自 20 世纪 80 年代末由于前苏联和东欧各国政体发生变化而解体,但铁路联运业务并未终止。

2.铁路联运业务的分类

国际铁路联运的类别可分为整车、零担和大吨位集装箱货物。

(1)整车货物。整车货物是指按一份运单托运的按其体积或种类需要单独车辆运送的货物。

(2)零担货物。零担货物是指按一份运单托运的一批货物,重量不超过 5000kg,按其体积或种类不需要单独车辆运送的货物。但如有关铁路间另有商定条件的,也可不适用国际货协整车或零担货物的规定。

下列货物只限按整车办理,不得按零担运送。

①需要冷藏、保温或加温运输的货物。

②限按整车办理的危险货物。

③易于污染其他货物的污秽品。

④蜂蜜。

⑤未装容器的活动物。

⑥不易计算件数的货物。

⑦一件重量超过 2000kg,体积超过 $3m^3$ 或长度超过 9m 的货物;一批重量超过 5000kg 或

一件重量不足 10kg,体积小于 0.01m³ 的货物。

(3)大吨位集装箱货物。大吨位集装箱货物是指按一份运单托运的,用大吨位集装箱运送的货物。

3.国际铁路联运的范围

国际铁路联运既适用于原"货协"国家之间的货物运输,也适用于原"货协"国至"货约"国之间的顺向或反向的货物运输。在我国国内凡可办理铁路货运的车站都可接受国际铁路货物的联运。

4.国际铁路联运运送费用

国际铁路联运运送费用的计算和核收,必须遵循《国际铁路货物联合运输协定》(简称《国际货协》)《国际铁路货物联运统一过境运价规程》(简称《统一货价》)和中华人民共和国铁道部《铁路货物运价规则》(简称《国内价规》)的规定。

联运货物运费包括货物运费、押运人乘车费、杂费和其他费用。

①运送费用核收的规定。

A.参加国际货协各铁路间运送费用核收的原则。

a.发送路的运送费用——在发站向发货人或根据发送路国内现行规定核收;

b.到达路的运送费用——在到站向收货人或根据到达路国内现行规定核收;

c.过境路的运送费用——按《统一货价》在发站向发货人或在到站向收货人核收。

B.国际货协参加路与非国际货协铁路间运送费用核收的规定。

a.发送路和到达路的运送费用与 A 中 a、b 项相同。

b.过境路的运送费用,则按下列规定计收:

第一,参加《国际货协》并实行《统一运价》各过境路的运送费用,在发站向发货人(相反方向运送则在到站向收货人)核收;但办理转发送国家铁路的运送费用,可以在发站向发货人或到站向收货人核收。

第二,过境非国际货协铁路的运送费用,在到站向收货人(相反的方向运送则在发站向发货人)核收。通过过境铁路港口站货物运送费用核收的规定从参加《国际货协》并实行《统一运价》的国家,并通过另一实行《统一货价》的过境铁路港口,向其他国家(不论这些国家是否参加《统一货价》和相反方向运送)运送货物时,用国际货协单据办理货物运送,只能办理至过境港口为止或从这个站起开始办理。而参加国际货协铁路发站至港口站的运送费用,在发站向发货人核收;相反方向运送时,在到站向收货人核收。

第三,在港口站所发生的杂费和其他费用,在任何情况下,都在这些港口车站向发货人或收货人的代理人核收。

第四,过境铁路的运送费用,按《统一货价》规定核收。

②国际铁路货物联运国内运送费用的计算。

根据《国际货协》的规定,我国通过国际铁路联运进出口的货物,其国内段运送费用的核收应按照我国《铁路货物运价规则》进行计算,铁路货物运价表参见表 2-19。运费计算的程序及公式如下:

A.根据货物运价里程表确定从始发站至到站的运价里程。

B.根据运单上填写的货物品名查找货物品名检查表,确定适用的运价号。

C.根据运价里程和运价号在货物运价费率表中查找出相应的运价率。

D. 按《铁路货物运价规则》确定的计费重量与该批货物适用的运价率相乘,算出该批货物的运费。

③国际铁路货物联运过境运费。

国际铁路货物联运过境运费是按照《统一货价》的规定计算的,其运费计算的程序及公式如下:

A. 根据运单记载的应通过的国境站,在《统一货价》过境里程表中分别找出货物所通过的各个国家的过境里程。

B. 根据货物品名,查阅《统一货价》中的通用货物品名表,确定所运货物应适用的运价等级。

C. 根据货物运价等级和各过境路的运送里程,在《统一货价》中查出符合该批货物的运价率。

D. 《统一货价》对过境货物运费的计算是以慢运整车货物的运费额为基础的(即基本运费额),其他种别的货物运费,则在基本运费额的基础上分别乘以不同的加成率。

表 2-19 铁路货物运价表

类别	运价号	发到基价		运行基价	
		单位	标准	单位	标准
整车	1	元/吨	4.6	元/吨公里	0.021
	2	元/吨	5.2	元/吨公里	0.0239
	3	元/吨	6	元/吨公里	0.0273
	4	元/吨	6.8	元/吨公里	0.0311
	5	元/吨	7.6	元/吨公里	0.0348
	6	元/吨	8.5	元/吨公里	0.039
	7	元/吨	9.6	元/吨公里	0.0437
	8	元/吨	10.7	元/吨公里	0.049
	9			元/轴公里	0.15
	机保	元/吨	8.3	元/吨公里	0.0455
	机保	元/吨	9.8	元/吨公里	0.0675
零担	21	元/10千克	0.085	元/10千克公里	0.00035
	22	元/10千克	0.101	元/10千克公里	0.00042
	23	元/10千克	0.122	元/10千克公里	0.000504
	24	元/10千克	0.146	元/10千克公里	0.000605
集装箱	1吨箱	元/箱	7.2	元/箱公里	0.0318
	5、6吨箱	元/箱	55.2	元/箱公里	0.2438
	10吨箱	元/箱	85.3	元/箱公里	0.3768
	20英尺箱	元/箱	149.50	元/箱公里	0.6603
	40英尺箱	元/箱	292.3	元/箱公里	1.2909

注意:运费计算方法为:发到运费=发到基价×计费重量(箱数)

　　　　运行运费=运行基价×运价里程×计费重量(箱数)

　　　　整车棉花(籽棉、皮棉)按发到基价4.90元/吨、运行基价0.0224元/吨公里执行。

　　　　整车化肥、磷矿石按发到基价4.20元/吨、运行基价0.0192元/吨公里执行。

(五)对港、澳地区铁路货物的运输

1. 对香港的铁路运输

(1)特点。

对香港的铁路运输是由内地段和港九段两部分铁路运输组成,其特点为"两票运输,租车过轨"。也就是出口单位在发送地车站将货物托运至深圳北站,收货人为深圳外运公司。货车到达深圳北站后,由深圳外运公司作为各地出口单位的代理向铁路租车过轨,交付租车费(租金从车到深圳之日起至车从香港返回深圳之日止,按车上标定的吨位,每天每吨若干元人民币)并办理出口报关等手续。经海关放行过轨后,由香港的"中国旅行社有限公司"(以下简称"中旅")作为深圳外运公司在港代理,由其在香港罗湖车站向港九铁路另行起票至九龙,货到九龙站后由"中旅"负责卸货并交收货人。

(2)车辆的运行安排。

快运货物列车是以外贸供港物资为基本车组,沿途不解体,根据鲜活商品的需要,进行各项定型作业,直达深圳的列车。它的特点是定线运行、定点挂车、定型作业。其运行速度快,有利于均衡供应,保证了商品质量,改善了押运条件,及时供应了对港鲜活商品的供应。目前我国有自江岸、长沙发运的8751,上海新龙华发运的8753,还有由郑州发运的8755三趟快运列车。

①直达列车。直达列车是一个或几个货车挂在一起,沿途不解体,直达深圳的货物列车。它和快运货物列车的区别是:快运列车沿途有挂车上水、加冰等作业,而直达列车没有这些作业;快运列车以外贸物资为基本车组,也可以挂其他物资在编组站甩挂,而直达列车是统一到站的。

②成组运输。成组运输是采用一定的办法,把分散的单件货物组合在一起,组成一个规格化、标准化的大运输单位进行运输。成组运输的意义在于它便于进行机械化、自动化操作,提高运输、装卸效率,减少货损货差,降低运输和搬运成本,使运输速度大幅度提高。

成组运输的领域既包括铁路运输、公路运输、内河运输、海上运输以及港口车站装卸等多种方式,更重要的是,成组运输还包括在各种运输方式之间组织的连贯的成组运输。

世界各国最常用的成组运输形式包括托盘运输和集装箱运输。

A. 托盘运输。

托盘运输的优势主要表现在加速货物搬运和降低运输成本方面。使用托盘,货物可以充分利用叉车搬运,并与集装箱配合完成远洋运输,带来时间和成本的大量节约。

B. 集装箱运输。

集装箱运输是指以集装箱这种大型容器为载体,将货物集合组装成集装单元,以便在现代流通领域内运用大型装卸机械和大型载运车辆进行装卸、搬运作业和完成运输任务,从而更好地实现货物"门到门"运输的一种新型、高效率和高效益的运输方式。

(3)对港铁路运输的运费结算方法。

各地经深圳口岸转运香港地区的铁路货物运输,是经过两段运输,因此运费也是分段计算,国内按人民币计算,港地按港币计算,一切费用均由发货单位支付。

深圳口岸的中转费用,整车货物按实际开支,零担按定额费用每吨10元,货物中转后,由深圳外运公司向有关发货单位结算,劳务费按中国对外贸易运输总公司制定的劳务费率收取。

港段运杂费用,先由香港中国旅行社垫付,待货物在香港交付完毕后,由香港中旅分社,开列费用清单并向有关发货单位结算。有关发货单位收到中旅分社的费用清单,经核对无误后,五天之内向当地结汇银行申请外汇,汇还香港中旅分社。

2.对澳门的铁路运输

出口单位或货代在发送地车站将货物托运至广州,整车到广州南站新风码头42道专用线,零担到广州南站,危险品零担到广州吉山站,集装箱和快件到广州车站,收货人均为广东省外运公司。货到广州后由省外运公司办理水路中转将货物运往澳门,货到澳门由南光集团运输部负责接货并交付收货人。

二、公路运输

公路运输(road transportation)也是现代运输的主要方式之一,它与铁路运输同为陆上运输的基本运输方式。公路运输的工具是汽车,通道是公路。公路是城乡之间以通行汽车为主的公用大道。公路运输在整个运输领域中占着重要的地位,并发挥着愈来愈重要的作用。公路运输既是一个独立的运输体系,也是车站、港口和机场集散物资的重要手段。

1.公路运输的特点和作用

(1)公路运输在进出口货物的集散上起着重要作用。

由于公路运输机动灵活、简捷方便,可以深入到可通公路的各个角落。在目前出口货物的结构中,农副土特产品仍占相当比重,其产地分散、数量零星,将货源从广大农村集中到铁路沿线或江河港埠,都必须依靠公路运输来完成。而进口货物,大部分运往内地投入生产,也离不开公路运输。因此,公路运输在进出口货物集散运转上,起着重要的作用。

(2)公路运输有助于实现"门到门"的运输。

目前世界上盛行的集装箱运输方式,其最大的优点是做到"门到门",使收、发货人感到极大的方便。但要做到这一点,无论集装箱使用什么运输工具来运送,但货物进出航空机场、水运港区或铁路车站,都需要公路运输的工具——汽车来配合完成两端的运输任务。

(3)公路运输也是我国边疆地区与邻国物资交流的重要工具。

我国幅员辽阔,在陆地上与朝鲜、蒙古、越南、俄罗斯、哈萨克斯坦、吉尔吉斯斯坦、塔吉克斯坦、老挝、缅甸、印度、不丹、尼泊尔、巴基斯坦、阿富汗等国相邻。在我国边疆地区,如新疆与俄罗斯远东地区,西藏与印度、不丹、尼泊尔,云南与越南和缅甸之间的物资交流,常利用公路运输来完成。我国边疆地区与邻国之间的物资运输,不但运输距离短、费用省,而且对加强与邻国的经济合作、促进两国之间的经济和文化往来,均具有重要意义。

此外,对香港特别行政区的部分进出口货物,也是用汽车运输来完成的。

2.公路运输的要素

公路运输又称公路汽车运输,公路运输的要素是公路和汽车。

(1)公路。

公路是各种运输线中线路最长的,世界现有交通网3000万公里以上,其中公路网站就占2000万公里。我国目前通车线路已在100万公里以上,并扭转了公路密集在我国东部地区的现象,特别是修建了四川至西藏、青海至西藏、新疆至西藏等高原公路,加速了这些地区的经济发展。

现代公路按管理系统可分国家公路、省级公路、县级公路、乡级公路和专用公路;按运行速度可分为普通公路和高速公路。高速公路具有车速快、容量大、道路平坦、弯道少,车辆分向行驶,互不干扰,可缩短行车时间,加速车辆周转,提高线路利用率,节省能源消耗,减少行车事故等优势,对经济建设具有重要作用。

(2)汽车。

当前汽车发展的总趋势是向大型化、专用化和列车化方向发展。汽车列车由牵引车、挂车和半挂车组合而成,使汽车运量成倍增长。专用的重型拖车可牵引266吨以上,同时还出现了许多液罐车、自卸车、平板车等专用车辆。我国外贸系统进出口货物的省间调拨和货物集散,除利用交通运输部门的运力外,其自身系统也掌握一定的运输力量。这是由于外贸出口物资点多、面广、零星、分散,运距短而装卸时间长,有些鲜活易腐商品要随产随运所决定。根据"大集中、小分散"的管理原则,除外运集团公司系统拥有200多个汽车队外,各外贸专业进出口公司也有部分车辆以供应急之用。外贸自营载货汽车的经营方针是:加强企业管理,做好车辆的管、用、养、修工作,狠抓安全、优质、高产、低耗,更好地为外贸运输服务。

3.货物的托运、承运和责任范围

托运人在托运时,应填写公路货物运输托运单,按所列项目逐项填写清楚,提供准确的货物详细说明,特别是危险物品和超高、超长的大件。货物要求包装完整以适合汽车运输;包装外要刷制正确、清晰的唛头标志。按公路货运新价规规定:运价可按不同的运输要求和条件制定,并可按基础运价实行加成或减成。一次托运不足3吨时为零担,3吨以上为整车。普通货物为3等,特种货物分长大笨重、危险、贵重、鲜活4类,长大笨重又分3级,危险货物按危险程度分2级。凡25公里以下为短途运输。如因托运部门的责任造成车辆空驶,等装待卸,都要计收装货落空损失费和延滞费。托运单经承运部门审核无误并接受货物后即为承运开始。承运人的责任期限是从接受货物时起,直到把货物交给收货人止。在此期限内,承运人对货物的灭失损坏负赔偿责任。如由于承运人责任造成不能按规定时间完成承运任务,也要根据合同规定支付违约金。但不是由于承运人的责任,因其他原因造成的货物的灭失或损坏,承运人可以免责。

4.公路运费的计算

(1)货物重量。

货物重量按毛重计算。整批货以吨公里为计费单位,零担货物以每公斤1公里为计费单位。凡货物重1公斤,体积未超过4立方分米的为实重货物,体积超过4立方分米的为轻泡货物。零担轻泡货物,按其长、宽、高计算体积,每4立方分米折合为1公斤。

(2)计费里程。

计费里程按货物装运地点至卸货地点的实际运输里程计算。新价规把车辆重新装卸点的装卸里程也计入计费里程内。

(3)运费计算公式。

①以吨公里或每公斤公里计费的,运费计算公式为:

运费=(货物计费重量×计费里程×每公斤公里运价)×(1+加成率)

②以吨计费的,运费计算公式为:

运费=(货物计费重量×运价)×(1+加成率)

每件货物重量满 250 公斤及以上为超重货物,长达 7 米及以上为超长货物。

除运费外,凡与汽车货运有关的杂费,如装卸费、装卸落空损失费、延滞费等,则按有关规定收取。

5. 国际集装箱公路运价

在国际集装箱多式联运的内陆运输中,公路运输是最常见的,也是最重要的一种运输方式。在公路运输价格与运费计收方法上,专业汽车运输公司与由承运人提供的汽车运输有所不同。专业汽车运输公司的计费方式主要有以下三种:

①重箱货的总里程运费加上空箱返回运费;

②按集装箱的往返行程划分不同的计程费率等级;

③分别对每个 40ft、两个 20ft 空箱以及一个 20ft 重箱规定不同的费率。

船公司为货主提供的汽车运输所采用的计费方式是将上述②、③两种形式结合在一起,不同的是船公司提供的汽车运输只对重载行程和重箱收费,也就是说在按货主的指示将集装箱货物交付给货主后,船公司将免费把空箱运回。

(1)我国的国际集装箱公路运价。

根据交通部发布的《国际集装箱汽车运输费收规则》的规定,我国国际集装箱公路运价的计价以箱为单位,按不同规格箱型的重箱、空箱计费。根据计价方式的不同,我国的国际集装箱公路运价分为计程运价、计时包车运价和包箱运价,计价单位分别为:元/箱公里、元/吨位小时和元/箱。同时,对于国际集装箱运输的计费里程,该规则规定包括运输里程和装卸里程,并以 5 公里为起码计费里程,递进计算,尾数不足一公里的按一公里计算。同时规定,经承托双方协议,在一定地区或同一线路内进行多点运输时,可以按平均运输里程作为计费里程包干计算。

根据上述规则规定,我国的国际集装箱公路运输采用了全国统一的基本运价,各省市区根据当地实际情况,可以在全国统一基本运价的基础上,在 20% 上下幅度内,制定本地区实际的基本运价。对于国际集装箱汽车运价的计算,交通部制定的上述规则规定,以重箱为计价基础,并分别规定了"单程重(空)箱价"、"双程重箱价"、"一程重(空)箱、一程空(重)箱价"和"双程空箱价"。

单程重(空)箱运价,按各省、市、自治区制定的国际集装箱汽车运输基本运价计算。

双程重箱运价的计算方法是,同一托运人同一去程和回程重箱,回程对流运输的重箱运价,按基本运价减成 20%;提供不属于同一托运人的回程重箱,对各托运人均按对流运输部分的基本运价减成 10%。

一程重(空)箱、一程空(重)箱运价的计算按以下方法进行:同一托运人托运的重箱去,同时空箱回,或空箱去同时重箱回的,按一程重箱计费,遇有空箱运输里程超过重箱运输里程的非对流运输部分按重箱运价计算。

对于同一托运人托运的双程空箱,其中较长一程的空箱按单程重箱计费,另一程捎运的空箱则免收运费。

对于标明是危险品的国际集装箱,根据上述规则规定应执行危险品运价。其中,放射性、易燃、易爆、烈性危险品运价在基本运价的基础上加价 50%～100%;其他危险品运价在基本运价的基础上加价 20%～50%。

此外,《国际集装箱汽车运输费收规则》还规定了计时包车运价和包箱运价等计费形式。

其中对于因下列原因对运输效率产生较大影响时,可采用计时包车运价:

①托运人原因使车辆不能按正常速度行驶;

②中途开箱时间过长;

③托运人自行确定车辆开停时间。

计时包车运价按计费时间、包用车辆的标记吨位和计时包车运价率计算。其中计费时间以小时为单位,起码计费时间为四小时,超过四小时的,以半小时为单位递进计算。

包箱运价是指遇有大批量又同时受时间限制的国际集装箱的港站进出口集散运输和直达、中转及联运至目的地的运输,经承托双方协议,可采用包箱运价。包箱运价以计程运价率和运距为基础计算,一般不得高于同类箱型基本运价的20%,同时各类服务项目均采用包干计费。

应指出的是,上述国际集装箱汽车运价计算办法是针对长途汽车货运而言的。对于短途汽车运价,交通部在上述费用收取规则规定的基础上,按里程递减的原则,采取基本运价加箱次费,或按短途里程分档的运价率计算,但两种方法计算的运价要大致相等。国际集装箱汽车运输短途运价箱次费以每箱次为计价单位。各省、市、区交通主管部门根据当地实际情况可在全国统一的箱次费标准基础上,在20%上下幅度内,制定本地区箱次费费率。

(2)集装箱内陆运费计算。

公路集装箱运费计算公式为:

重箱运费＝重箱运价×计费箱数×计费里程＋箱次费×计费箱数＋货物运输其他费用

空箱运费＝空箱运价×计费箱数×计费里程＋箱次费×计费箱数＋货物运输其他费用

此外,还需注意:标准集装箱空箱运价在标准集装箱重箱运价的基础上减成计算;非标准集装箱重箱运价在标准集装箱基本运价的基础上加成计算;特种箱运价在标准箱型基本运价的基础上,按所装载货物的不同加成幅度加成计算。

(3)国际集装箱公路运输其他费用项目。

除集装箱运输费外,国际集装箱公路运输一般还包括以下费用项目:

①车辆延滞费。当车辆(包括挂车)按规定时间到达装卸箱地点后,由于托运人或收货人责任造成装箱、卸箱、掏箱、拆箱、冷藏箱预冷超过规定时间,装卸箱落空的等待时间,现场和途中停滞时间,都应按计时运价的25%核收车辆延滞费。由于承运人责任延误的运输时间,按承托双方协议支付延滞赔偿费,最高不得超过运费收入的15%。

此外,延误时间累计不足半小时的免收延滞费,超过半小时以半小时为单位,递进计收。

②车辆装箱落空损失费。汽车(包括挂车)按预定时间到达指定地点后,因托运人的直接责任引起的装箱落空,应按车辆自车场(站、车辆驻地)至装、卸箱地点的往返行驶里程和计程运价的50%计收装箱落空费。装箱落空又同时延误时间的,还要核收车辆延滞费。

③过渡费。车辆过渡、过桥、过隧道和通过收费路段的费用,均由托运人负担。承运人按当地规定的费收标准代收代付。

④计箱装卸费。汽车运输国际集装箱的计箱装卸费以20ft国际标准集装箱装载普通货物的基本费率为基础,按不同箱型、箱装货物类别和重、空箱分别计费。装有危险货物的集装箱和冷藏箱在基本费率的基础上增加30%～50%,装载放射性、易燃、易爆货物的集装箱增加75%～100%。40ft国际标准箱的计箱装卸费在20ft箱各项费率基础上增加50%。

第七节　保险费核算

一、海洋货物运输保险的风险与损失

(一)风险

1.海上风险（perils of the sea）

海上风险分为自然灾害和意外事故。

(1)自然灾害(natural calamities)。自然灾害是指不以人的意志为转移的自然界力量所引起的灾害,但在海运保险业务中,它并不是泛指一切由于自然力量造成的灾害,而是仅指恶劣气候、雷电、地震、海啸或火山爆发等人力不可抗拒的自然力量造成的灾害。

(2)意外事故(fortuitous accidents)。意外事故是指由于偶然、非意料之内的原因所造成的事故。

2.外来风险（extraneous risks）

外来风险分为一般外来风险和特殊外来风险。

(1)一般外来风险。一般外来风险是指由于一般外来原因所造成的风险,主要包括偷窃、渗漏、短量、碰损、钩损、生锈、雨淋、受热受潮等。

(2)特殊外来风险。特殊外来风险是指由于社会、政治原因所造成的风险,主要包括战争、罢工、拒收以及交货不到等。

(二)损失

1.全部损失

全部损失分为实际全损和推定全损。

(1)实际全损。实际全损是指保险标的发生保险事故后灭失,或者受到严重损坏完全失去了原有的形体、效用,或者不能再归被保险人所拥有。其构成情况如下:

①保险标的物全部灭失。例如,载货船舶遭遇海难后沉入海底,保险标的物实体完全灭失。

②保险标的物的物权完全丧失,已无法挽回。例如,载货船舶被海盗抢劫,或船货被敌对国扣押等,虽然标的物仍然存在,但被保险人已失去标的物的物权。

③保险标的物已丧失原有商业价值或用途。例如,水泥受海水浸泡后变硬,烟叶受潮发霉后已失去原有价值。

④载货船舶失踪、无音讯已达相当一段时间。在国际贸易实务中,一般根据航程的远近和航行的区域来决定失踪、无音讯时间的长短。

(2)推定全损。推定全损是指船舶发生保险事故后,认为实际全损已经不可避免,或者为避免发生实际全损所需支付的费用超过保险价值。其构成情况如下:

①保险标的物受损后,其修理费用超过货物修复后的价值。

②保险标的物受损后,其整理和继续运往目的港的费用,超过货物到达目的港的价值。

③保险标的物的实际全损已经无法避免,为避免全损所需的施救费用,将超过获救后标的

物的价值。

④保险标的物遭受保险责任范围内的事故,使被保险人失去标的物的所有权,而收回标的物的所有权,其费用已超过收回标的物的价值。

2.部分损失

部分损失按性质分为共同海损和单独海损。

(1)共同海损。

①共同海损的含义。共同海损是指载货船舶在海运上遇难时,船方为了共同安全,以使同一航程中的船货脱离危险,有意而合理地作出的牺牲或引起的特殊费用,这些损失和费用被称为共同海损。

②构成共同海损的条件。

A.危险必须是实际存在的而非主观臆测的。

B.必须是有意的、合理的为了船货共同安全。

C.必须是在非常性质下作出的牺牲或引起的特殊费用。

D.牺牲或费用最终必须是有效的。

共同海损行为所作出的牺牲或引起的特殊费用,都是为使船主、货主和承运方不遭受损失而支出的,因此,不管其大小如何,都应由船主、货主和承运各方按获救的价值,以一定的比例分摊,这种分摊叫共同海损的分摊。

(2)单独海损。

①单独海损的含义。单独海损是指保险标的物在海上遭受承保范围内的风险所造成部分灭失或损害,即除共同海损以外的部分损失。

②单独海损的特点。

A.它不是人为有意造成的部分损失。

B.是保险标的物本身的损失。

C.单独海损由受损失的被保险人单独承担,但其可根据损失情况从保险人那里获得赔偿。

损失分类见图 2-1。

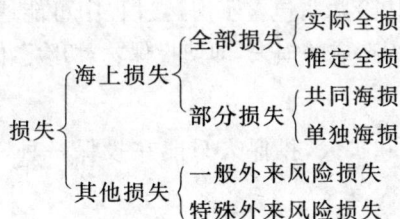

图 2-1 损失分类

(三)费用

海上风险还会造成费用支出,主要有施救费用和救助费用。

所谓施救费用是指被保险货物在遭受承保责任范围内的灾害事故时,被保险人或其代理人或保险单受让人,为了避免或减少损失,采取各种措施而支出的合理费用。

所谓救助费用是指保险人或被保险人以外的第三者采取了有效的救助措施之后,由被救方给付的报酬。

二、我国海洋运输货物保险条款所承保的险别

我国海洋运输货物保险条款所承保的险别分为基本险和附加险两类,见图2-2。

(一)基本险

基本险分为平安险(free from particular average,FPA)、水渍险(with particular average,WA 或 WPA)和一切险(all risk)三种。

1.平安险的责任范围

(1)被保险货物在运输途中由于自然灾害(雷电、洪水、海啸)造成整批货物的全部损失。

(2)由于运输工具遭受搁浅、触礁、沉没、互撞、与流冰或其他物体碰撞以及失火、爆炸等意外事故造成货物的全部或部分损失。

(3)共同海损的牺牲、分摊和救助费用。

"平安险"是我国保险业沿用已久的名称,原文含义是"单独海损不赔"。从字面意义来看,无论是"平安险"还是"单独海损不赔"都不能准确反映出这个险别的承保责任范围,它仅对由于自然灾害所引起的单独海损不赔偿,而对上述第(2)项指定的意外事故造成的单独海损负担赔偿责任。

2.水渍险的责任范围

(1)平安险所承保的全部责任。

(2)被保险货物在运输途中,由于恶劣气候、雷电、海啸、地震、洪水等自然灾害所造成的部分损失。

"水渍险"也是我国的惯称,字面意义为"负单独海损责任",容易被误解为仅对遭受海水水渍的损失负责或仅对单独海损负责。事实上,与平安险的责任范围相比,水渍险的承担责任范围略有扩大,区别在于水渍险对自然灾害所造成的部分损失也负责赔偿。

3.一切险的责任范围

一切险除包括平安险和水渍险的责任外,还包括被保险货物在运输途中由于一般外来原因所造成的全部或部分损失。这里的一般外来原因是指一般附加险的内容,故一切险是平安险、水渍险和一般附加险的总和。可见,一切险并非包含了海运过程中可能遇到的一切风险、损失和费用,对于由运输延迟、战争和罢工等原因造成的损失,即使投保"一切险",保险人也不予负责。

(二)附加险

附加险是对基本险的补充和扩大,投保人只能在投保一种基本险的基础上才可以加保一种或几种附加险。

1.一般附加险

一般附加险有11种,包括:偷窃、提货不着险(theft pilferage and non-delivery,T. P. N. D)、淡水雨淋险(fresh water rain damage,F. W. R. D)、短量险(risk of shortage)、渗漏险(risk of leakage)、混杂、沾污险(risk of intermixture and contamination)、碰损、破碎险(risk of clash and breakage)、串味险(risk of odour)、受潮受热险(damage caused by sweating & heating)、锈损险(risk of rust)、钩损险(hook damage)、包装破裂险(breakage of packing)等。

2.特别附加险

特别附加险包括:交货不到险(failure to deliver)、进口关税险(import duty risk)、舱面险

(on deck risk),拒收险(rejection risk),黄曲霉素险(aflatoxin risk),出口货物到香港、九龙或澳门存仓扩展条款(fire risk extension clause for storage of cargo at destination of Hong Kong,including Kowloon or Macao,F. R. E. C.)。

3.特殊附加险

特殊附加险包括:海运战争险(ocean marine cargo war risk)、海运战争险的附加费用险(additional expenses-war risk)和罢工险(strikes risk)。

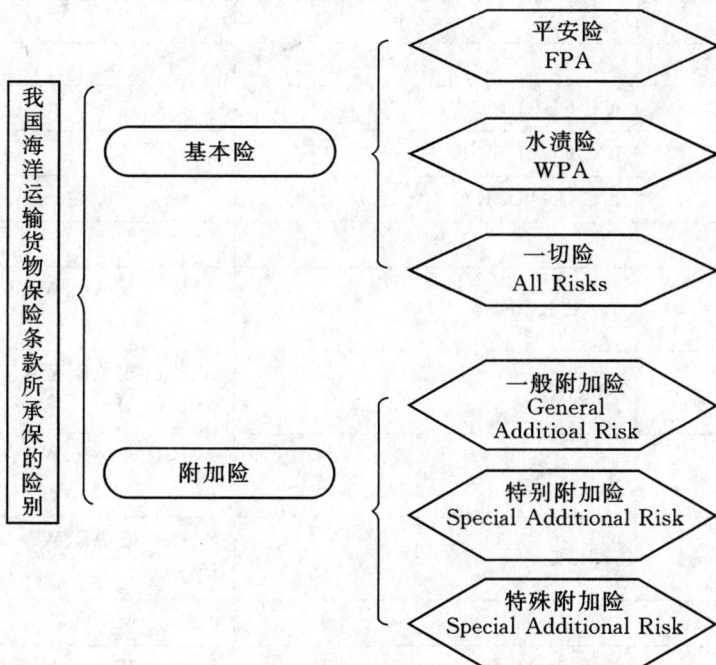

图 2-2 险种分类

三、保险费计算

在出口贸易中,以 CIF 或 CIP 术语成交的情况下,出口方需对保险费进行核算。保险费是由投保人向保险人缴纳的,它是保险人经营业务的基本收入,也是保险人支付保险赔款的资金来源。被保险人要想得到保险人对有关险别的承保,必须缴纳保险费,这是保险合同生效的前提。保险费的计算公式为:

$$保险费=保险金额×出口保险费率$$

保险金额是被保险人对保险标的的实际投保金额,是保险公司所承担的最高赔偿金额,也是保险费的计算基础,一般由买卖双方商定。根据《跟单信用证统一惯例 600 号》的规定:"除非信用证另有规定,保险单据必须标明最低投保金额应为货物的 CIF 或 CIP 价格的总值加成 10%",即投保最低的起码金额应为发票的 CIF 或 CIP 价加一成。当然,保险加成并非必须是 10%,加成的目的是弥补买方的各种经营费用和预期利润的损失,所以如果买方要求以较高的加成率计算投保金额投保,在买方同意支付保证额外费用的前提下卖方可以接受,但超出部分的保险费应由买方承担。保险金额的计算公式为:

$$保险金额=CIF(CIP)货价×(1+保险加成率)$$

出口保险费率可以通过查表得知,具体参见率表2-20。

表 2-20　保险费率表

中文名称	英文名称	加保条件	保险费率(%)
中国保险条款的险别			
一切险	ALL RISKS		0.8
水渍险	W. P. A. /W. A.		0.6
平安险	F. P. A.		0.5
伦敦协会货物险条款			
协会货物(A)险条款	ICC CLAUSE A		0.8
协会货物(B)险条款	ICC CLAUSE B		0.6
协会货物(C)险条款	ICC CLAUSE C		0.5
特别附加险			
战争险	WAR RISKS	A、B、C 或 AR、WA、FPA	0.08
罢工险	STRIKE	A、B、C 或 AR、WA、FPA	0.08
罢工、暴动、民变险	S. R. C. C.	A、B、C 或 AR、WA、FPA	0.08
存仓火险责任扩展条款	F. R. E. C.	A、B、C 或 AR、WA、FPA	0.08
一般附加险			
偷窃、提货不着险	T. P. N. D.	B、C 或 WA、FPA	0.08
淡水雨淋险	R. F. W. D.	B、C 或 WA、FPA	0.08
短量险	RISK OF SHORTAGE	B、C 或 WA、FPA	0.08
混杂、沾污险	RISK OF INTERMIXTURE & CONTAMINATION	B、C 或 WA、FPA	0.08
渗漏险	RISK OF LEAKAGE	B、C 或 WA、FPA	0.08
碰损、破碎险	RISK OF CLASH & BREAKAGE	B、C 或 WA、FPA	0.08
串味险	RISK OF ODOUR	B、C 或 WA、FPA	0.08
受热、受潮险	DAMAGE CAUSED BY SWEATING & HEATING	B、C 或 WA、FPA	0.08
钩损险	HOOKDAMAGE	B、C 或 WA、FPA	0.08
包装破裂险	RISKS OF BREAKAGE	B、C 或 WA、FPA	0.08
锈损险	RISK SOFRUST	B、C 或 WA、FPA	0.08
转运险	TRANSHIPMENT RISKS	B、C 或 WA、FPA	0.08
仓至仓条款	W TO W	B、C 或 WA、FPA	0.08
不计免赔率	I. O. P.	B、C 或 WA、FPA	0.08

【例 2－16】 有一批服装出口至伦敦,发票金额为 20000 美元,按发票金额加成 10％投保海运一切险和战争险,试计算保险费。(一切险和战争险的保险费率分别为 0.5％和 0.03％)

解:

保险金额＝发票金额×(1＋投保加成)

　　　　＝20000×(1＋10％)＝22000(美元)

保险费＝保险金额×保险费率

　　　＝22000×(0.5％＋0.03％)

　　　＝116.6(美元)

四、价格术语换算

如果贸易术语不是 CIF 或 CIP 术语时,在计算时要换算成 CIF 或 CIP 术语。

1. CFR 价换算成 CIF 价

CFR 价换算成 CIF 价的计算公式为:

$$CIF=CFR+I$$

$$I=保险金额×保险费率=CIF×(1＋投保加成率)×保险费率$$

由以上两式可得:

$$CIF=CFR+CIF×(1＋投保加成率)×保险费率$$

所以

$$CIF=\frac{CFR}{1-(1＋投保加成率)×保险费率}$$

注意:在推倒公式过程中,求保险费时不能用 CFR 计算,必须用 CIF 术语计算。因为不管是 CFR 推倒 CIF,还是 CIF 推倒 CFR,实际业务中,必须按 CIF 缴纳保险费。用 CFR 术语成交时,不存在保险费的问题。

2. FOB 换算为 CIF 价

FOB 换算为 CIF 价的计算公式为:

$$CIF=\frac{CFR}{1-(1＋投保加成率)×保险费率}$$

$$=\frac{(FOB＋F)}{1-(1＋投保加成率)×保险费率}$$

3. CPT、FCA、CIP 之间的换算

FCA 术语可以代替 FOB 术语计算 CIP,CPT 术语可以代替 CFR 术语计算 CIP。其计算公式为:

$$CIP=\frac{CPT}{1-(1＋投保加成率)×保险费率}$$

$$CIP=\frac{(FCA＋F)}{1-(1＋投保加成率)×保险费率}$$

【例 2－17】 我国某公司出口商品共 1000 公吨,出口价格为每公吨 2000 美元 CIF 纽约。现客户要求改报 FOB 上海价。已知该批货物每公吨运费为 150 美元,原报 CIF 价中,投保险别为海运一切险,保险费率为 1％,按 CIF 金额 110％投保。求应报的 FOB 上海价。

解：

$$CFR = CIF \times [1-(1+投保加成率) \times 保险费率]$$
$$= 2000 \times [1-110\% \times 1\%]$$
$$= 1978(美元)$$

$$FOB = 1978-150 = 1828(美元)$$

【例 2－18】 某公司对外报某商品每吨 10000 美元 CIF 纽约,现外商要求将价格改报为 CFR 纽约,保险费率为 1%,问我方应从原报价中减去多少保险费？CFR 价为多少？

解：

$$保险费 = 保险金额 \times 保险费率 = CIF \times (1+投保加成率) \times 保险费率$$
$$= 10000 \times (1+10\%) \times 1\%$$
$$= 110(美元)$$

$$CFR = CIF - I = 10000-110 = 9890(美元)$$

【例 2－19】 我国某公司出口货物 3000 件,对外报价为 2 美元/件 CFR 纽约。为避免漏保,客户来证要求我方装船前按 CIF 总值代办投保手续。查得该货的保险费为 0.8%,试计算我国公司对该货投保时的投保金额和应缴纳的保险费。

$$CIF = \frac{CFR}{1-(1+投保加成率) \times 保险费率}$$
$$= 3000 \times \frac{2}{1-(1+10\%) \times 0.8\%}$$
$$= \frac{6000}{0.9912}$$
$$= 6053.27(美元)$$

$$保险金额 = 6053.27 \times 110\% = 6658.60(美元)$$

$$保险费 = 6658.60 \times 0.8\% = 53.27(美元)$$

第八节　佣金、折扣和出口关税核算

一、佣金

佣金(commission)是指代理人或经纪人为委托人服务而收取的报酬。在国际贸易中,有些交易是通过中间代理商进行的,中间商因介绍生意或代买代卖而需收取一定的佣金。例如,出口商支付佣金给销售代理人,进口商支付佣金给采购代理人。因此,凡是进出口商同代理人或佣金商订立的合同,通常都会涉及佣金的支付。

1.佣金的表示方法

凡成交价格中含有需支付给中间商佣金的,称为含佣价。不含佣金的价格,称为净价(net price)。佣金可以明确表示在价格条款中,叫明佣;也可以不在价格中表示出来,由当事人按约定另行私下交付,叫暗佣。一些中间商为了从买卖双方都获取报酬,即赚取"双头佣",或为了达到逃汇或逃税的目的,往往提出使用"暗佣"。

为了提高中间商与我方成交的积极性,给予其佣金,意味着出口方的费用增加。因此佣金率的高低影响着商品的成交价格,应合理运用,一般掌握在 1% ~ 5% 之间。

含佣价的表示方法,可以使用文字说明。例如,300 美元 CFR 纽约包括 3% 的佣金(USD300 per metric ton CIF New York including 3% commission),也可以表示为 USD300 / MT CIFC3% New York。

2.佣金的计算方法

在国际贸易中,佣金的计算方法不一致。用佣金率确定佣金时,主要是如何确定佣金的基数。基数不同,支付的佣金额也不同。常用的方法是将成交金额即发票金额作为计佣基数。如按 CIFC3% 成交,发票金额为 10000 美元,则应付佣金为 $10000 \times 3\% = 300$ 美元。也有人认为,价格中的运费和保险费不属于出口商本身利益,不该作为计算佣金的基数,应按 FOB 价值计算佣金。以 CIF、CFR 术语成交时,要将其中的运费、保险费扣除,求的 FOB 价之后计算佣金。实际业务中到底采用哪种方法计算,需买卖双方协商确定。但因直接按发票金额计算方便,易于操作,实际中采用较多。

佣金的计算公式如下:

$$净价 = 含佣价 - 佣金额$$
$$佣金额 = 含佣价 \times 佣金率$$

需注意的是,在计算时以含佣价直接计算佣金额,而不是用净价计算。

由上式可以得出

$$净价 = 含佣价 - 含佣价 \times 佣金率 = 含佣价 \times (1 - 佣金率)$$

$$含佣价 = \frac{净价}{1 - 佣金率}$$

【例 2 - 20】　某公司对外报价某商品为每公吨 2000 美元 CIF 纽约,外商要求 4% 佣金。在保持我方净收入不变的情况下,应报含佣价为多少?

解:

$$CIFC4\% = \frac{CIF \ 净价}{1 - 佣金率}$$
$$= 2000 \div (1 - 4\%)$$
$$= 2083.33(美元)$$

【例 2 - 21】　某出口公司向英国某商人出售一批货物,中方原报价为 CIF 伦敦 CIFC3% 850 美元,后英商要求改报 CIFC5%,问:我方在净利润不变的情况下应如何报价?

题意分析:本题是由一含佣价改报另一同术语含佣价,二者的连接点是 CIF 净价。解题思路为由 CIFC3% 推出 CIF 净价,再由 CIF 净价去推倒所求的含佣价 CIFC5%。

解:

(1)由已知的含佣价 CIFC3% 为 850 美元,佣金率为 3%,计算 CIF 净价。

由公式净价 = 含佣价 $\times$ (1 - 佣金率),得

CIF 净价 = CIFC3% $\times$ (1 - 3%)
　　　　= 850 $\times$ (1 - 3%)
　　　　= 824.5(美元)

(2)当净收益保持 824.5 美元不变时,佣金率为 5% 时:

由公式含佣价 = $\dfrac{净价}{1 - 佣金率}$,得

$$CIFC5\% = \frac{CIF \text{净价}}{1-5\%}$$

$$= \frac{824.5}{0.95}$$

$$= 867.9 (\text{美元})$$

二、折扣

折扣(discount,rebate,allowance)是指卖方给予买方一定的价格减让,即在原价基础上给予适当的优惠。折扣的主要目的是为了照顾老客户,确保销售渠道,扩大对外销售。折扣一般用文字说明,例如,300 美元/公吨减 1% 的折扣表示为 USD300/MT CIF London less 1% discount。

折扣一般在合同的价格条款中明确表示出来,叫明扣,一般在卖方支付货款时预先扣除。也有私下就折扣达成协议而不在合同中表示出来,叫暗扣或回扣,由卖方另行支付给买方。折扣在计算时通常以成交额或发票金额为基础来计算。计算方法为:

$$\text{单位货物折扣额} = \text{原价(或含折扣价)} \times \text{折扣率}$$

$$\text{卖方实际净收入} = \text{原价(或含折扣价)} - \text{折扣额}$$

【例 2-22】 出口某货物每公吨 1000 美元 CIF 香港,折扣 2%,则单位货物折扣额为 20 美元,卖方实际净收入为每公吨 980 美元。

三、折扣与佣金的区别

折扣是指卖方给予买方一定的价格减让,收入比报价减少了折扣额部分。而佣金是指委托人给中间商的报酬。在卖方付佣的情况下,卖方按报价金额从买方那里收回外汇,再从中抽取佣金额部分支付给中间商。例如:在含佣价为每公吨 1000 美元 CIFC3% 香港条件下,买方需支付 1000 美元给卖方,卖方收到后再从中抽取 30 美元的佣金额给中间商,净剩 970 美元。在折扣价为每公吨 1000 美元 CIF 香港减 3% 折扣条件下,买方只需支付 970 美元给卖方,卖方也只能收到 970 美元,此时不涉及中间商的问题。

四、出口关税核算

对于出口货物,海关根据《中华人民共和国关税条例》的规定和《中华人民共和国海关进出口税则》规定的税率,从价征收出口税。

出口税是指进出口商品经过一国关境时,由政府设置的海关根据国家制定的关税税法、税则对进出口货物征收的一种税收。按规定,出口商品应缴纳有关税金。特别是在 WTO 自由贸易的框架下,许多出口国家只对关系国际民生、本国稀有储备或高科技产品的出口通过关税或其他手段予以限制,而对大部分正常贸易中的商品是不予征税的,其目的是更好地鼓励本国商品的出口。

出口关税的计算公式如下:

$$\text{出口关税} = \text{出口完税价格} \times \text{出口关税税率}$$

其中,出口完税价格是海关征收关税所依据的价格,是海关以该货物的成交价格为基础审查确定的,包括货物运至中华人民共和国境内输出地点装载前的运输及其相关费用、保险费。

出口货物的成交价格,是指该货物出口销售时,卖方为出口该货物向买方直接收取和间接收取的价款总额。

目前,我国海关征收出口关税是以商品的离岸价(指 FOB 价)为基础的,出口货物的成交价格包含了出口关税。出口完税价格的计算公式为:

$$出口货物完税价格＝FOB－出口关税$$

$$出口关税＝完税价格×出口关税税率$$

$$出口货物完税价格＝FOB÷(1＋出口关税税率)$$

而以 CFR 或 CIF 价成交时,应先将运费、保险费从中减去,即 CFR 价成交时,出口完税价格＝(CFR 价－运费)÷(1＋出口关税税率);CIF 价成交时,出口完税价格＝(CIF－保险费－运费)÷(1＋出口关税税率)。

【例 2－23】 某公司出口一批化学原料 1000 千克,出口关税为 30％,成交价为每千克 100 美元 CFR 科威特,假设从上海到科威特的运费为 4000 美元,汇率为 100 美元兑换 751 元人民币。试计算其出口关税。

解:

$$
\begin{aligned}
出口完税价格 &＝(CFR 价－运费)÷(1＋出口关税税率)\\
&＝(100×1000－4000)÷(1＋30％)\\
&＝73846(美元)
\end{aligned}
$$

$$
\begin{aligned}
出口关税 &＝出口完税价格×出口关税税率×汇率\\
&＝73846×30％×7.51＝166375.04(元人民币)
\end{aligned}
$$

第九节 银行费用、国内费用和出口利润核算

一、银行结汇费用

我国商品的进出涉及外汇的进出,我国外汇管理实行银行结售汇制度。结售汇是结汇和售汇的总称。其中结汇是指外汇收入所有者将其外汇收入出售给外汇指定银行,外汇指定银行按照一定的汇率付给等值的人民币的行为。售汇是指外汇指定银行将外汇卖给用汇单位和个人,按一定的汇率收取人民币的行为。

结售汇可分为即期结售汇业务和远期结售汇业务。即期结售汇业务,是指银行为客户提供的人民币与美元等可流通货币之间的买卖业务。远期结售汇业务指客户与银行签订远期结售汇协议,约定未来结汇或售汇的外汇币种、金额、期限及汇率,到期时按照该协议订明的币种、金额、汇率办理的结售汇业务。

中国银行远期结售汇业务币种包括美元、港币、欧元、日元、英镑、瑞士法郎、澳大利亚元、加拿大元等。期限有 7 天、20 天、1 个月、2 个月、3 个月至 12 个月,共 14 个期限档次。交易可以是固定期限交易,也可以是择期交易。其适用对象为在中华人民共和国境内设立的企事业单位、国家机关、社会团体、部队等,包括外商投资企业。

外贸公司在进行结汇时,银行收取手续费和利息。

1.即期结汇业务费用计算

在国际贸易结算业务中,不同的结汇方式,银行收取的费用不同。同一结汇方式,不同银行收取的费用也不尽相同。一般来说,电汇 T/T 费率 0.1％,托收的付款交单(D/P)费率

0.17%,承兑交单(D/A)费率0.15%,信用证L/C费率1.5%。银行在收取费用时,是按报价总金额来计收的。计算公式为:

$$银行费用=报价总金额×银行费率$$

【例2-24】 上海东方贸易公司与日本ABC公司达成交易,出口2000双"李宁牌"运动鞋,单价为每双USD30CFR东京,不可撤销即期信用证支付,结汇时议付费率为1.45%。试计算银行结汇时,需扣除多少议付费用。(汇率为1美元=6.5165—6.6355人民币元)

题意分析:(1)计算银行结汇费用时,按报价总金额来计收。应按30美元/双×2000双=60000美元计算。

(2)汇率有卖出价,有买入价,出口结汇应按买入价计算,即1美元=6.5165人民币元。

解:

$$
\begin{aligned}
银行议付费用 &=报价总金额×银行费率\\
&=USD30×2000×1.45\%\\
&=USD870\\
&=870×6.5165\\
&=5669.35(元人民币)
\end{aligned}
$$

2.远期结汇业务费用计算

远期结汇银行除收取手续费外,还收取结汇利息。

【例2-25】 某出口公司售给美国纽约某公司一批货物,价值50000美元。货物装船后,出口公司凭信用证和全套货运单据向中国银行办理议付结汇。当日美元对人民币的比价是:100美元=827.27—827.57元人民币,银行手续费为0.15%,年利率为8%,来回邮程按15天扣息,该公司实际结汇人民币为多少?

解:

(1)银行扣手续费:50000×0.15%=75(美元)

(2)银行扣15天利息为:50000×8%÷360天×15天=166.67(美元)

(3)出口公司实收美元为:50000-75-166.67=49758.33(美元)

(4)中国银行按当日美元牌价的买入价将49758.33美元从出口公司买进,将人民币付给出口公司。出口公司收到人民币为:49758.33×8.2727=411635.74(美元)。

二、国内费用核算

国内费用在出口成本中所占比重虽然不大,但因其内容繁多,且计算方法又不尽相同,因而在成本核算中较为复杂,出口业务通常发生的主要费用有:

(1)仓储费:指备运出口暂存时的仓储、装卸、刷唛等费用。

(2)国内运输费:指出口货物由存放地运至港口、车站、集装箱站、过境区的国内运杂费用。

(3)港口费:指出口货物在装箱(船)时在码头支付的各项费用。

(4)商检费:指国内检验检疫机构根据国家有关规定对出口货物进行检验、检疫的费用和出具证书的费用。

(5)报关费用:指出口报关时发生的费用。

(6)认证费用:指出口商办理出口许可证、配额、产地证及其他证明所支付的有关费用。

(7)其他费用:指一些不可预见的费用,如:公证、仲裁费等。

(8)经营管理费:指出口企业在经营中发生的有关费用,如贷款利息、通讯交通、推销广告、商标以及房租、工资、水电、招待等费用,通常对不同商品,按年度核算出一个定额费率大约为经营成本的 5%~15%,按经营成本的一定比例分摊到每笔出口业务中。定额管理费用=进货成本×定额费用率。其中银行贷款利息指出口企业向国内供应商采购货物时,有时由于资金短缺,会向银行提出融资申请,要求银行进行垫款,此时企业需向银行支付贷款利息。贷款利息按照采购总成本计算。其计算公式为:

$$贷款利息 = 采购成本 \times 贷款年利率 \times 贷款天数 \div 360$$

【例 2 - 26】 某公司出口到美国一批儿童自行车,有关资料如下:

1. 品名:儿童自行车　　　　2. 体积:142cm×89cm×62cm

3. 规格:5100mm BMX　　　　4. 重量:毛重 15kg

5. 数量:(1×40′集装箱)　　　6. 包装:纸箱 1 台/箱

购进价格:117/台,共 70 台。国内费用:仓储费 2 元/台;商检费 5 元/台;国内运费 $\frac{500\ 元}{1 \times 40'}$;报关费 100 元/票;港口费 $\frac{600\ 元}{1 \times 40'}$;许可证费 50 元/单;其他费用 200 元;管理费用 3%。试计算国内费用。

解:

业务费用=(2+5)×70＋500+100+600+50+200=1940(元)

管理费用=(117×70+1940)×3%=303.9(元)

国内费用=业务费用＋管理费用=1940＋303.9=2243.9(元)

三、出口利润核算

出口报价中价格的构成主要包括三部分:成本、费用和利润。利润是进出口价格三要素之一。利润是销售收入扣除成本费用后的余额。利润的大小是根据商品、行业、市场需求及企业的价格策略等因素决定的。由于成本费用包括的内容与表现形式不同,利润所包含的内容和形式也有所不同。如果成本费用不包括利息和所得税,则利润成为税前利润;如果成本费用包括利息而不包括所得税,则利润表现为利润总额;如果包含了所得税,则利润为净利润。在外贸核算中,利润指的是第二种,即利润总额。

企业在核算利润时,通常采用一定的百分比作为经营的利润率来核算。计算利润的基数由各个企业自行确定,有的按出口成本计算,也有的按成交价格计算。

【例 2 - 27】 某公司出口台灯,购货成本为每台 180 元不含增值税,出口各项费用每台为 20 元,公司所定的利润率为 10%(以出口成本为基础),问对外 FOB 报价应为多少美元?(1 美元=6.78 元人民币)

解:

FOB 价=实际成本＋国内费用＋预期利润

　　　　=[180＋20＋(180＋20)×10%]÷6.78

　　　　=32.45(美元)

故公司对外 FOB 报价应为 32.45 美元。

【例 3 - 28】 例 2 - 27 中如果按报价核算利润,则应按如下方法解题:

解：

FOB 价＝实际成本＋国内费用＋预期利润

　　　＝180＋20＋FOB×10％

则 FOB 价＝200÷(1－10％)＝222.22(元人民币)＝32.78(美元)

本章小结

本章作为核算的重点章节，重点介绍了价格核算的三大组成部分，包括成本核算、费用核算、利润核算。其中费用核算包括运费核算、保险费核算、佣金核算、国内费用核算等。运费核算分海洋运费、航空运费、铁路运费和公路运费核算。

课后练习

1. 某产品每单位的采购成本是 28 元人民币，其中包括 17％的增值税，若该产品出口有 13％的退税，那么该产品的实际成本为多少？

2. 某出口公司出口电缆 1000 箱，装入一个 20 英尺的集装箱。每箱体积为 40cm×20cm×20cm，每箱重 17.5kg。查货物分级表得知该批货物属于十级货，按 W/M 计收运费；海运费的基本费率是 1000USD/TEU；查附加费率表，得知需收取燃油附加费 30％，试计算运费。

3. 某货从张家港出口到欧洲热那亚，经上海转船。2 个 20 英尺整箱从上海到热那亚的包箱费率为 USD1750.00/20′。从张家港经上海转船时，需加收 USD150/20′ 的转船附加费，另有燃油附加费 10％。问：托运人应支付多少运费？

4. 我出口公司按 CFR 价格出口洗衣粉 100 箱，该商品内包装为塑料袋，每袋 0.5kg，外包装为纸箱，每箱 100 袋，箱的尺寸为：长 47cm，宽 30 cm，高 20 cm，基本运费为每尺码吨 HK＄367，另加收燃油附加费 33％，港口附加费 5％，转船附加费 15％，计收标准为 M，问该批商品的运费是多少？

5. 上海某公司出口 1000 箱货物至科威特，每箱 US＄50.00 美元 CFRC3％科威特。客户要求改报 FOBC5％上海价。该货物每箱尺码为 42cm×28cm×25cm，总毛重为 20000kg。海运运费按 W/M(11 级)计收。查出口地至科威特 11 级货基本运费为 70 美元，港口附加费为运费的 20％。试求 FOBC5％上海价是多少？(要求写出计算公式及计算过程)

6. 航空运费计算：

Routing：BEIJING，CHINA(BJS) to NAGOVA，JAPAN(NGO)

Commodity：FRESH ORANGE

Gross Weight：EACH47.8kgs，TOTAL 4 PIECES

Dimension：128cm×42cm×36cm ×4

试计算该批货物的航空运费。

公布运价如下(见表 2－21)：

表 2-21　运价表

BEIJING	CN		BJS
Y. RENMINBI	CNY		KG
OSAKA	JP	M	230.00
		N	37.51
		45	28.13
	0008	300	18.80
	0300	500	20.61

7. 已知：

Routing：BEIJING，CHINA(BJS) to BOSTON，U. S. A(BOS)；

Commodity：Gold Watch；

Gross Weight：32.0kg；

Dimensions：1Piece 61cm×51cm×42cm；

经查北京口岸国际航空货运标准运价为 S 200% of the Normal GCR（GCR＝79.97CNY/kg）。

试计算航空运费是多少元人民币，并填写航空运单中的相关内容。

8. 某货主在货物装船前，按发票金额的 110% 办理了投保手续，投保一切险加保战争险。该批货物以 CIF 成交的总价值为 20.75 万美元，一切险和战争险的保险费率合计为 0.6%。问：(1)若发生了保险公司承保范围内的风险，导致该批货物全部灭失，保险公司的最高赔偿金额是多少？(2)该货主成交的保险费是多少？

9. 我国某公司以每箱 50 美元 CIF 悉尼价格出口某商品共 1 万箱，货物出口前，该公司向中国人民财产保险公司投保了水渍险、串味险以及淡水雨淋险，其保险费率分别为 0.7%、0.3% 和 0.2%，按发票金额 110% 投保。试计算该批货物的保险金额和保险费。

10. 一批出口货物 CFR 价为 100000USD，后来客户要求改报 CIF 价加两成投保海运一切险和战争险，一切险费率为 0.6%，战争险费率是 0.03%。我方同意照办，请问我方应向客户补收保险费是多少？

11. 某公司对外报某商品每吨 10000 美元 CIF 纽约，现外商要求将价格改报为 CFR 纽约，保险费率为 1%，问我方应从原报价中减去多少保险费？

12. 某出口公司按每公吨 1200 美元 FOB 上海对外报价，国外客户要求改报 CIF 旧金山。假设每公吨运费为 130 美元，加一成投保，保险费率为 1%，问该出口公司应报价多少？

13. 一批出口货物 CFR 价为 99450 美元，现客户要求改 CIF 价加一成投保海运一切险，我方同意照办。如果一切险保险费率为 0.5%，请计算：

(1)我方应报的 CIF 价。

(2)我方应该向客户收多少保险费？

14. 华润进出口公司出口蘑菇罐头，报价为每纸箱 200 美元 FOB 上海，外商要求改报为 FOBC5 上海价。在保持我方净收入不变的情况下，应报价多少？

15. 康利进出口公司出口服装 1000 件，报价为每纸箱 200 美元 CFR 上海，外商要求如给予 5% 的折扣则改定数量为 1500 件，净收入不变情况下，应如何报价？

16.我国某公司出口商品,成交价为 CIF 纽约 USD1000(折合人民币 8200 元),已知运费折合为 1200 元人民币,保险费为 60 元,出口税率为 10%,求应征关税税额。

17.某公司出口一批黑白电视机,有关资料如下:

(1)品名:14 寸黑白电视机; (2)体积:45cm×35cm×40cm;

(3)规格:HE36D-14; (4)重量:毛重 11kg;

(5)数量:480(1×20′集装箱); (6)包装:纸箱 1 台/箱;

购进价格:234 元/台(含 17%税),退税率 9%。国内费用:仓储费:360 元/(1×20′);商检费:2 元/台;国内运费:650/(1×20′);报关费:100 元/票;港口费:750 元/(1×20′);许可证费:50 元/单;其他费用:200 元;管理费用:3%。根据以上资料,请核算国内总费用。

第三章

出口报价核算

知识目标

1. 了解询盘的含义；
2. 了解发盘的含义。

技能目标

1. FOB 术语核算；
2. CFR 术语核算；
3. CIF 术语核算。

重点

1. FOB 术语核算；
2. CFR 术语核算；
3. CIF 术语核算。

难点

1. CIF 术语核算；
2. CIFC 术语核算。

第一节　发盘

出口商在接到进口商发来的询盘后，对自己所售的商品要认真进行核算，包括成本核算、费用核算、利润核算等。在综合考虑之后，结合市场的行情和自己的销售意图，给出合理的报价，即给与发盘。询盘和发盘都属于交易磋商的环节。

在国际贸易中，交易磋商是指买卖双方为购销某种商品就各种交易条件进行洽商，达成一致协议的全过程。它是国际贸易中不可缺少的一个重要环节，也是签订买卖合同的必经阶段。

交易磋商的形式主要是通过口头和书面形式进行的。口头磋商是交易双方当面直接协商或通过电话协商；书面协商是交易双方通过书面形式如信件、电报、电传、传真、电子邮件、手机短信等通讯方式进行磋商。如果通过传真或电子邮件达成交易，有关当事人通常以信函补寄正本文件或另行签定合同书，以掌握合同成立的可靠证据。

交易磋商的内容主要包括：商品名称、品质、规格或花色品种、数量、包装、价格、交货方式、运输方式、付款方式、保险险别、意外的处理和纠纷的解决等。

交易磋商的一般程序可概括为询盘、发盘、还盘和接受四个环节。其中发盘、接受是必要环节。还盘、接受的相关内容将在后面介绍。

一、询盘

1.询盘的含义和法律意义

询盘(enquiry)是指买方为了购买或卖方为了销售货物而向对方提出有关交易条件的询问。其内容可以是只询问价格,也可以询问其他一项或几项交易条件,以及要求对方向自己做出发盘。

询盘对于询盘人和被询盘人均无法律上的约束力,而且不是交易磋商的必经步骤。但是它往往是一笔交易的起点,所以作为被询盘的一方,应对接到询盘给予重视,并做出及时、适当的处理。

2.询盘采用的主要词句

询盘时,一般不直接用"询盘"字样,往往用请告知(please advise……);请报价(please quote……);请发盘(please offer……)等。

3.询盘举例

(1)"报100公吨东北大豆的最低价"。

QUOTE US THE LOWEST PRICE FOR 100M/T NORTHEAST SOYBEAN.

(2)"可供东北大豆100公吨请递盘"。

CAN SUPPLY NORTHEAST SOYBEAN 100M/T PLEASE BID.

二、发盘

发盘(offer)指向一个或一个以上特定的人提出的订立合同的建议,如果十分确定并且表明发价人在得到接受时承受约束的意旨,即构成发盘。一个建议如果写明货物并且明示或暗示地规定数量和价格或规定如何确定数量和价格,即为十分确定。发盘是买方或卖方向对方提出各项交易条件,并愿意按照这些条件达成交易、订立合同的一种肯定的表示。卖方发盘,称为售货发盘(selling offer);买方发盘,称为购货发盘(递盘)(buying offer)。发盘在其有效期内,发盘人不得任意撤销或修改其内容。发盘人一经对方在有效期内表示接受,发盘人将受其约束,并承担按发盘条件与对方订立合同的法律责任。

1.发盘有效的条件

一项法律上有效的发盘必须具备的四个条件:

(1)表明订约意旨。

A.表明承受约束的订约意旨,可以是明示的,也可以是暗示的。

B.如果一方当事人在他所提出的售货或购货的建议中未表明在被接受时承受约束的意旨,那就不能断定他有订立合同的愿望,因此,该项建议就不能构成发盘,而仅应被视为邀请作出发盘,或称发盘邀请。

(2)向一个或一个以上特定的人提出。特定的人是指在发盘中指明个人姓名或企业名称的受盘人。广告的对象是广大社会公众,商品目录、价目单和宣传品是普遍寄发给为数众多的客商的。这些对象都不属于特定的人。因此,这类行为一般不能构成发盘,而仅能视为发盘邀请。但是,如果广告内容十分具体、明确和肯定,在一定事实情况下,也可能被见到广告的人作出接受的行为,该刊登广告的人即须按广告中所提出的条件,履行其诺言。

(3)内容十分确定。

A.一项订立合同的建议"如果写明货物,并且明示或暗示地规定数量和价格或如何确定数量和价格,即为十分确定"。按此规定,一项订约建议只要列明货物、数量和价格三项条件,即可被认为其内容"十分确定"。

B.对于其他所缺少的内容,可在合同成立后,按双方之间已确立的习惯做法、惯例或按公约予以补充。

C.为了防止误解或可能发生的争议,我国外贸企业在实际工作中应明示或暗示的至少规定六项主要交易条件为:货物的品质、数量、包装、价格、交货和支付条件。

(4)传达到受盘人。

发盘无论是口头的还是书面的,只有被传达到受盘人时才生效。

2.发盘的有效期

发盘的有效期是指可供受盘人对发盘作出接受的时间或期限。

(1)明确规定有效期,并不是构成发盘不可缺少的条件。

①明确规定有效期的发盘,从发盘被传达到受盘人开始生效,到规定的有效期届满为止;

②不明确规定有效期的发盘,按法律在合理时间内有效。

(2)在出口业务中,明确规定有效期的方法。

①规定最迟接受的期限。例如,限 6 月 6 日复到此地有效。按此规定,受盘人的接受通知不得迟于 6 月 6 日内送达发盘人。

②规定一段接受的期间。例如,发盘有效期为 6 天,或发盘限 8 日内复。按《联合国国际货物销售合同公约》(以下简称《公约》)规定,这个期限应从发盘发出时刻或信上载明的发信日期起算。如信上未载明发信日期,则从信封所载日期起算。采用电话、电传发盘时,则从发盘送达受盘人时起算。如果时限的最后一天在发盘人营业地是正式假日或非营业日,则应顺延至下一个营业日。

此外,当发盘规定有效期时,还应考虑交易双方营业地点不同而产生的时差问题。

3.发盘的撤回

发盘的撤回是指发盘人将尚未被受盘人收到的发盘予以撤销的行为。

(1)一项发价,即使是不可撤销的,也可撤回。如果撤回通知于发价送达被发盘人之前或同时,送达被发盘人,就可以撤回。

(2)在实际业务中,发盘的撤回只有在使用信件或电报向国外发盘时,方可适用。如果发盘系使用电传或电子邮件等方式,则不存在撤回发盘的可能性。

4.发盘的撤销

发盘的撤销是指发盘人将已经送达受盘人的发盘取消,使其失去效力的行为。

各国法律对已送达受盘人的发盘是否可以撤销的规定如下:

(1)大陆法:发盘原则上对发盘人有约束力。一项发盘一经送达受盘人,即生效后,就不得撤销,除非发盘人在发盘中注明不受约束。

(2)英美法(传统观点):发盘在被接受之前可以随时撤销。

(3)美国:由商人签署的买卖货物的书面发盘,并保证在一定时间内不可撤销的,即使没有对价,该发盘在规定的时间内不可撤销,如未规定时间,在合理时间内不可撤销。

(4)公约:如果撤销的通知在受盘人发出接受通知前送达受盘人,可予撤销。

但是,在下列情况下发盘不得撤销:

(1)发盘是在以规定有效期或以其他方式表明为不可撤销的;

(2)如受盘人有理由信赖该项发盘是不可撤销的,并已本着对该发盘的信赖采取了行动。

【案例 3-1】 我国某公司接到美国出口商发盘供应核桃仁 500 公吨,限 7 日内复到。我公司经调查研究后,于第五日作出欲接受该项发盘的决定。但此时外商又发来电传称撤销发盘。请问在此情况下,该公司应怎么办,为什么?

【案例分析】

《公约》采用到达生效的原则,发盘已经到达受盘人,所以不存在撤回的问题。《公约》规定,如果撤销的通知在受盘人发出接受通知前送达受盘人,可予撤销。本案中我方在没有做出接受表示之前,收到了外商的撤销发盘的通知。所以,此发盘被外商合理撤销了。发盘已经失效,我公司不能再做出接受的表示。

【案例 3-2】 2013 年 2 月 5 日,加拿大休顿电子有限公司(简称"休顿公司")向我国 A 电子集团公司(简称"A 公司")提出出售集成电路板 30 万块,每块 FOB 维多利亚港 30 美元的发盘。

我方接到发盘后,于 2 月 7 日去电还盘,请求将集成电路板的数量减少到 20 万块,价格降为 25 美元/块,并要求对方即期装运。

2 月 10 日,休顿公司电传告知 A 公司,同意把集成电路板的数量减少到 20 万块,保证能即期装运,但集成电路板的价格每块只能降到 28 美元/块;同时规定,新发盘的有效期为 10 天。

接到新发盘后,A 公司经多次研究,决定同意该新发盘,并于 2 月 15 日向休顿公司发出电传,表示接受新的发盘。

2 月 18 日,休顿公司再次发来电传,声称,货已与其他公司签约售出,现已无货可供,要求取消 2 月 10 日的发盘。

2 月 19 日,A 公司复电:"我公司已按 10 万块集成电路板制订生产计划,不同意撤销 2 月 10 日的发盘,请贵公司执行合同"。休顿公司则称:"无法执行合同"。因此,双方对合同是否成立发生纠纷。

经过双方多次协商,休顿公司同意赔偿因不履行合同给 A 公司造成的损失,使争议得到了解决。

【案例分析】

本案涉及的关键是有效发盘的撤销问题。发盘的取消方式可以分为发盘的撤回与发盘的撤销。发盘的撤销是指发盘生效后,发盘人将发盘取消,使其失去效力。《联合国国际货物销售合同公约》第 16 条规定:"①在未订立合同之前,发盘得以撤销,如果撤销通知于受盘人发出接受通知之前送达受盘人。②但在下列情况下,发盘不得撤销:a.发价写明接受发盘的期限或以其他方式表明发盘是不可撤销的;b.被发价人有理由信赖该发盘是不可撤销的,而且被发价人已本着对该项发价的信赖行事。据此,发盘送达生效后,在合同订立之前,即发盘人发出接受之前,只要发盘人撤销发盘的通知在接受通知发出之前送达受盘人,发盘可以撤销。但如果发盘中写明了接受期限的,则该发盘不可以撤销。

本案中,休顿公司 2013 年 2 月 5 日向我国 A 公司的报盘,在 2 月 7 日由 A 公司做了还盘,因而 2013 年 2 月 10 日休顿公司再次向 A 公司发盘,这个新的发盘规定了发盘期限,该新发盘在送达 A 公司后,从 A 公司电传接受新发盘时,合同即告成立并发生法律效力。休顿公司 2 月 18 日的电传,是要撤销 2 月 10 日的新发盘,但因 2 月 15 日 A 公司已对休顿公司 2 月 10 日的新发盘作出了接受,因此,休顿公司 2 月 18 日的电传所作的撤销发盘的行为是无效的,即 2 月 10 日的发盘是不能撤销的。A 公司作出接受之后,关于集成电路板的买卖合同即告成立。A 公司要求休顿公司履行合同的做法完全正确。

最后,经过双方多次协商,休顿公司同意赔偿因不履行合同给 A 公司造成的损失,终止履行合同。A 公司考虑到休顿公司的实际困难以及休顿公司愿意赔偿损失的诚意,不再坚持履行合同,也是合乎常理的。

5.发盘的终止

发盘的终止是指发盘法律效力的消失。

发盘终止的原因有:

(1)在有效期内未被接受而过时;

(2)被受盘人拒绝或还盘;

(3)发盘人在受盘人作出接受前对发盘进行了有效的撤销;

(4)法律的适用。

6.区分发盘与发盘邀请

不同时具备发盘的四项条件(特别是"表明订立合同的意旨"和"内容十分确定"两项条件),只能视为发盘邀请而不能视为发盘。

7.发盘一般采用的术语

发盘一般采用的术语有:offer, firm offer, quote, supply, bid 等。

8.发盘举例

(1)"报盘东北圆粒大米 500 公吨,净重每公吨 200 美元,CIF 伦敦,新单层麻袋包装,每包大约 100 公斤,2 月装运,不可撤销即期信用证。5 日复到我地有效。"

OFFER NORTHEAST RICE ROUND SHAPE 500M/T PRICE USD 200 PER M/T CIF LONDON PACKED NEW SINGLE GUNNY BAGS ABOUT 100KG EACH SHIPMENT FEBRUARY IRREVOCABLE SIGHT CREDIT REPLY HERE FIVETH.

(2)"兹发盘 5000 打运动衫规格按 3 月 15 日样品每打 CIF 纽约价 84.50 美元,标准出口包装 5—6 月装运,以不可撤销即期信用证支付,限 20 日复到。"

OFFER 5000 DOZEN SPORT SHIRTS SAMPLED MARCH 15TH USD 84.50 PER DOZEN CIF NEW YORK EXPORT STANDARD PACKING MAY/JUNE SHIPMENT IRREVOCABLE SIGHT L/C SUBJECT REPLY HERE 20TH.

第二节　出口价格的掌握

确定进出口的价格是一项非常复杂又十分重要的工作,为了做好此项工作,必须正确贯彻我国进出口商品的作价原则,根据国际市场价格变动的趋势,充分考虑影响价格的各种因素,在核算成本和"货比三家"的基础上,根据自身经营意图,确定适当的价格,并切实了解价格构成因素和掌握价格换算的方法。

一、正确贯彻作价原则

我国进出口商品的作价原则是,在贯彻平等互利的原则下根据国际市场价格水平,结合国别(地区)政策,并按照我们的购销意图确定适当的价格。

在确定进出口商品的价格时,需要注意贯彻下列三项原则:

1.按照国际市场价格水平作价

国际市场价格是以商品的国际价值为基础并在国际市场竞争中形成的,它是交易双方都能接受的价格,是我们确定进出口商品价格的客观依据。因此,我国在对外报价时,一般都参照国际市场价格水平来确定。

2.要结合国别、地区政策作价

为了使外贸配合外交,在参照国际市场价格水平的同时,也可适当考虑国别、地区政策,即在平等互利的基础上,双方约定按照比较优惠的价格成交。

3.要结合购销意图作价

进出口商品的价格在国际市场价格水平的基础上,可根据购销意图来确定,即可略高或略低于国际市场价格。

二、注意国际市场价格动态

国际市场价格因受供求关系的影响而上下波动,有时甚至瞬息万变,因此,在确定出口价格时,必须注意市场供求关系的变化和国际市场价格涨落的趋势。当供大于求时,国际市场价格就会呈上涨趋势;当市场供过于求时,国际市场价格就会呈下跌趋势。可见,切实了解国际市场的供求状况,有利于对国际市场价格的走势作出正确判断,也有利于合理确定进出口商品的价格。该涨则涨,该降则降,避免价格掌握上的盲目性。总之,确定价格,即要求从纵向和横向进行比较,不能凭主观愿望盲目定价,应将对外成交商品的历史价和现行价进行比较,将出口商品在不同市场中的价格进行比较,将同一市场上不同客户的同类商品的价格进行比较,防止出现价格偏离国际市场的实际价格水平的现象。

三、影响价格的因素

由于价格构成因素不同,影响价格变化的因素也多种多样。因此,在确定进出口商品价格时,必须充分考虑影响价格的种种因素,并注意同一商品在不同情况下应有合理的差价,防止出现不区分情况,采取全球同一价格的错误做法。为了正确掌握我国进出口商品价格,除应遵循上述作价原则外,还必须考虑下列因素:

1.要考虑商品的质量和档次

在国际市场上,一般都贯彻按质论价的原则,即好货好价,次货次价。品质的优劣,档次的高低,包装装潢的好坏,式样的新旧,商标、品牌的知名度,都会影响商品的价格。

2.要考虑运输距离

国际货物买卖,一般都要通过长途运输。运输距离的远近,会影响运费和保险费的开支,从而影响商品的价格。因此,确定商品价格时,必须核算运输成本,做好比价工作,以体现地区差价。

3.要考虑交货地点和交货条件

在国际贸易中,由于交货地点和交货条件不同,买卖双方承担的责任、费用的风险有别。在确定进出口商品价格时,必须考虑这些因素。例如,同一运输距离内成交的同一商品,按CIF条件成交同按DAP条件成交,其价格应当不同。

4.要考虑季节性需求的变化

在国际市场上,某些节令性商品,如赶在节令前到货,抢行应市,即能卖上好价。过了节令的商品,其售价往往很低,甚至以低于成本的"跳楼价"出售。因此,应充分利用季节性需求的变化,切实掌握好季节性差价,争取按对自己有利的价格成交。

5.要考虑成交数量

按国际贸易的习惯做法,成交量的大小影响价格。即成交量大时,在价格上应给予适当优惠,或者采用数量折扣的办法;反之,如成交量过少,甚至低于起订量时,也可以适当提高出售价格。那种不论成交量多少,都采取同一个价格成交的做法是不当的,我们应当掌握好数量方面的差价。

6.要考虑支付条件和汇率变动的风险

支付条件是否有利和汇率变动风险的大小,都影响商品的价格。例如,同一商品在其他交易条件相同的情况下,采取预付货款和凭信用证付款方式下,其价格应当有所区别。同时,确定商品价格时,一般应争取采用对自身有利的货币成交,如采用不利的货币成交时,应当把汇率变动的风险考虑到货价中去,即适当提高出售价格或压低购买价格。

此外,交货期的远近,市场销售习惯和消费者的爱好与否等因素,对确定价格也有不同程度的影响,因此,也应予以考虑。总之,国际贸易从业人员必须在调查研究的基础上,切实注意上述影响进出口商品成交价格的各种因素,通盘考虑,权衡得失,然后确定适当的价格。

第三节 进出口商品的定价办法

在进出口贸易中,定价方法多种多样,如何定价由合同双方当事人酌情商定。概括起来,通常采用的定价办法有固定价格、非固定价格和价格调整条款等。

一、固定价格

我国的进出口合同,绝大部分都是在双方协商一致的基础上,明确地规定具体价格,这也是国际上常见的做法。

按照各国法律的规定,合同价格一经确定,就必须严格执行。除非合同另有约定,或经双方当事人一致同意,否则任何一方都不得擅自更改。

在合同中规定固定价格是一种常规做法。它具有明确、具体、肯定和便于核算的特点。不过,由于市场行情瞬息万变,价格涨落不定。因此,在进出口货物买卖合同中规定固定价格,就意味着买卖双方要承担从订约到交货付款以至转售时价格变动的风险。况且,如果行市变动过于剧烈,这种做法还可能影响合同的顺利执行。一些不守信用的商人很可能为逃避亏损,而寻找各种借口撕毁合同。

为了减少价格风险,在采用固定价格时,应注意下列事项:

首先,必须对影响商品供需的各种因素进行细致的研究,并在此基础上,对价格的前景作出判断,以此作为决定合同价格的依据。

其次,必须对客户的资信进行了解和研究,慎重选择订约的对象,以免在市场价格暴涨暴跌时出现外商违约或毁约的情况。

第三,对价格一直相对稳定的商品,以及对成交数量不大或近期交货的商品,一般可以按固定价格成交。如果属于远期交货、大量成交或市场价格起伏不定的商品,则不宜轻易采用固定价格的做法,以减少价格变动的风险。

二、非固定价格

在进出口货物贸易中,为了减少价格变动的风险、促成交易和提高履约率,在合同价格的规定方面,往往采用一些灵活变通的做法,既按非固定价格成交,即一般业务上所说的"活价",大体上可分为下述几种:

(一)待定价格

这种定价方法又可分为以下两种:

(1)在价格条款中明确规定定价时间和定价方法。

例如,"在装船月份前45天,参照当地及国际市场价格水平,协商议定正式价格"或"按提单日期的国际市场价格计算"。

(2)只规定作价时间。

例如,"由双方在××年××月××日协商确定价格"。这种方式由于未就作价方式作出规定,容易给合同带来较大的不稳定性,双方可能因缺乏明确的作价标准,而在商订价格时各执己见,相持不下,导致合同无法执行。因此,这种方式一般只适用于双方有长期交往并已形成比较固定的交易习惯的合同。

(二)暂定价格

在合同中先订立一个初步价格,作为开立信用证和初步付款的依据,待双方确定最后价格后再进行最后清算,多退少补。

暂定价格的条款可以定为如下格式:

"单价暂定CIF神户,每公吨1000英镑,作价方法:以××交易所3个月期货,按装船月份月平均价加5英镑计算,买方按本合同规定的暂定价开立信用证。"

此做法由于确定了定价依据,又不影响信用证开出,有利于合同的履行,而且风险较小。

(三)部分固定价格,部分非固定价格

为了照顾双方的利益,解决双方在采用固定价格或非固定价格方面的分歧,也可采用部分固定价格,部分非固定价格的做法,或是分批作价的办法,交货期近的价格在订约时固定下来,余者在交货前一定期限内作价。

非固定价格是一种变通做法,在行情变动剧烈或双方未能就价格取得一致意见时,采用这种做法有一定的好处,表现在:

(1)有助于暂时解决双方在价格方面的分歧,先就其他条款达成协议,早日签约。

（2）解除客户对价格风险的顾虑，使之敢于签订交货期长的合同。数量、交货期的早日确定，不但有利于巩固和扩大出口市场，也有利于生产、收购和出口计划的安排。

（3）对进出口双方来说，虽不能完全排除价格风险，但对出口人来说，可以不失时机地做成生意；对进口人来说，可以保证一定的转售利润。

但是，非固定价格的做法是先订约后作价，合同的关键条款价格是在订约之后由双方按一定的方式来确定的。这就不可避免地给合同带来较大的不稳定性，存在着双方在作价时不能取得一致意见，而使合同无法执行的可能；或由于合同作价条款规定不当，而使合同失去法律效力的危险。

采取非固定价格，由于双方并未就合同的主要要件——价格取得一致，因此，就存在着按这种方式签订的合同是否有效的问题。绝大部分国家都认为，合同只要规定作价办法，即是有效的。《联合国国际货物销售合同公约》允许合同只规定"如何确定数量和价格"，至于怎样做，没有进一步的解释。因此，在采取非固定价格时，应尽可能将作价办法订得明确具体。

三、价格调整条款

在进出口货物买卖中，有的合同除规定具体价格外，还规定有各种不同的价格调整条款。例如，"如卖方对其他客户的成交价高于或低于合同价格5％，对本合同未执行的数量，双方协商调整价格。"这种做法的目的是把价格变动的风险规定在一定范围之内，以提高客户经营的信心。

值得注意的是，在国际上，随着某些国家通货膨胀的加剧，有些商品合同，特别是加工周期较长的机器设备合同和一些初级产品交易，都普遍采用所谓"价格调整条款"（price adjustment(revision) clause），要求在订约时只规定初步价格（initial price），同时规定如原料价格、工资发生变化，卖方保留调整价格的权利。

在价格调整条款中，通常使用下列公式来调整价格：

$$P = P_0(A + \frac{BM}{M_0} + \frac{CW}{W_0})$$

式中：P 代表商品交货时的最后价格；P_0 代表签订合同时约定的初步价格；M 代表计算最后价格时引用的有关原料的平均价格或指数；M_0 代表签订合同时引用的有关原料的价格或指数；W 代表计算最后价格时引用的有关工资的平均数或指数；W_0 代表签订合同时引用的工资平均数或指数；A 代表经营管理费用和利润在价格中所占的比重；B 代表原料在价格中所占的比重；C 代表工资在价格中所占的比重；A、B、C 所分别代表的比例，签合同时确定后固定不变，三者相加应等于100％。

如果买卖双方在合同中规定，按上述公式计算出来的最后价格与约定的初步价格相比，其差额不超过约定的范围（如百分之若干），初步价格可不予调整，合同原定的价格对双方当事人仍有约束力，双方必须严格执行。

上述"价格调整条款"的基本内容，是按原料价格和工资的变动来计算合同的最后价格。在通货膨胀的条件下，它实质上是出口厂商转嫁国内通货膨胀、确保厂商利润的一种手段。但值得注意的是，这种做法已被联合国欧洲经济委员会纳入它所制订的一些"标准合同"之中，而且其应用范围已从原来的机械设备交易扩展到一些初级产品交易，因而具有一定的普遍性。

由于这类条款是以工资和原料价格的变动作为调整价格的依据，因此，在使用这类条款时,就必须注意工资指数和原料价格指数的选择,并在合同中予以明确。

此外,在进出口贸易中,人们有时也应用物价指数作为调整价格的依据。如合同期间的物价指数发生的变动超出一定的范围,价格即作相应调整。

总之,在使用价格调整条款时,合同价格的调整是有条件的。用来调整价格的各个因素在合同期间所发生的变化,如约定必须超过一定的范围才予调整时,则未超过限度的,即不予调整。合同原定的价格对双方就仍然有约束力,双方必须严格执行,从这个意义上讲,合同规定的价格,也就是最后价格。

第四节 计价货币的选择

一、计价货币的含义

计价货币是指买卖双方约定用来计算价格的货币。如合同中的价格是用一种双方当事人约定的货币(如英镑)来表示的,没有规定用其他货币支付,则合同中规定的货币,既是计价货币又是支付货币。如在计价货币之外,还规定了其他货币(如美元)支付,则美元就是支付货币。

二、合理选择计价货币的意义

在一般的进出口货物买卖合同中,价格都表现为一定量的特定货币(如每公吨100美元),通常不再规定支付货币。根据进出口贸易的特点,用来计价的货币,可以是出口国家的货币,也可以是进口国家的货币或交易双方同意的第三国的货币,还可以是某一种记帐单位,这由双方当事人协商确定。由于世界各国的货币价值并不是一成不变的,而且在世界许多国家普遍实行浮动汇率的条件下,通常被用来计价的各种主要货币的币值更是严重不稳定,加之国际货物买卖的交货期一般都比较长,从订约到履行合同往往需要有一段时期,在此期间计价货币的币值可能会发生变化甚至会出现大幅度的起伏,其结果必然直接影响进出口双方的经济利益,因此,如何选择合同的计价货币具有重大的经济意义,这是买卖双方确定价格时必须注意的问题。

三、计价货币的选择方法

由于目前各种货币在国际市场上的地位和发展趋势不同,其中有的走向疲软,有的日益坚挺。一般进出口贸易业务中,在选择计价货币时,要考虑货物的可兑换性和货币的稳定性两个因素。

(一)货币的可兑换性

计价货币一般要选择可自由兑换的货币,比如有美元、欧元、英镑、日元、德国马克、法国法郎、瑞士法郎、加元等,其中多数以美元为计价货币。

(二)货币的稳定性

选用计价货币时,应充分考虑汇率波动所带来的风险,尽量选择对自己有利的货币。因此,任何一笔交易,在选择计价货币时都必须在深入调查研究的基础上,结合交易习惯、经营意图而定。一般原则是,出口应选择币值相对比较稳定或呈上浮趋势的"硬币",进口应使用币值有下浮趋势的"软币"。

为了达成交易而不得不采用于己不利的货币成交,则可采用下述两种补救措施:

(1)根据该种货币今后可能的变动幅度,相应调整对外报价。

(2)在可能条件下,争取订立保值条款。在当前许多国家普遍使用浮动汇率的情况下,交易双方签定买卖合同时,可以约定合同货币与其他一种货币的汇率,付款时,若汇率发生变动,即按比例调整合同价格,以避免计价货币汇率变动带来的风险。

如果在合同中规定用一种货币计价而用另一种货币支付,且两种货币的汇率都是按付款时的汇率结算的情况下,其中有的为硬币,有的为软币,则作为卖方如何选择更有利?

不论计价和支付用的是什么货币,都可以按计价货币的量收回货款。对卖方而言,如计价货币是硬币、支付货币是软币,基本上不会受损失,可起到保值的作用;如计价货币是软币,支付货币是硬币,其收入的硬币就会减少,则对卖方不利。

如计价货币和支付货币的汇率在订约时已经固定,那么,在计价货币是硬币、支付货币是软币的条件下,卖方在结算时收入的软币所代表的货值,往往要少于订约日的汇率应收入的软币所代表的货值,也就是说对卖方不利,反之,如计价货币是软币,支付货币是硬币,则对卖方有利,而对买方不利。

此外,也有在签订合同时明确规定计价货币和另一种货币的汇率,到付款时,该汇率如有变动,则按比例调整合同价格。

第五节　价格条款的约定

一、价格条款的内容

合同中的价格条款,一般包括商品的单价和总值两项基本内容,而且确定单价的作价办法和与单价有关的佣金与折扣的运用,也属价格条款的内容。商品的单价的表示通常由四个部分组成,缺一不可,即包括计量单位(如公吨)、单位价格金额(如200)、计价货币(如美元)和贸易术语(如 CIF 伦敦)。

【案例 3-3】

将四个部分合成的商品单价表示举例如下:

每公吨 100 美元 FOB 上海(US＄ 100 per metric ton FOB Shanghai)

每件 200 英镑 CIF 伦敦(£ 200 per piece CIF London)

商品的总值是商品单价与成交商品数量的乘积,它是指一笔交易的货款总金额。进出口合同价格条款中的总值与单价所使用的货币,应当是一致的。

二、规定价格条款的注意事项

商品单价和商品总值是商品价格条款的基本内容。由于价格条款是进出口合同中的核心条款,它与其他相关条款有着密切的联系,因此,价格条款涵盖的内容和涉及的问题是相当广泛的。

为了使价格条款的规定明确合理,必须注意下列事项:

(1)在调查研究的基础上,应根据我国进出口商品作价原则和每笔交易的经营意图,合理确定适当的价格,防止盲目定价。

(2)根据市场上船货供求状况、运价动态和自身运输能力等因素,酌情选用适当的贸易术语。

例如,出口业务尽量采用 CIF 或 CFR 术语,为国家增加保险费或运费的外汇收入;进口时尽量采用 FOB 术语,减少保险费和运费的支出,节省外汇。但也要根据方便贸易、促进成交的原则,根据具体情况,灵活选择贸易术语。

(3)根据金融货币市场情况,争取选择于己有利的计价货币,必要时,也可酌情增加保值条款,以免承担汇率变动的风险。

【资料卡片】

1994 年起,我国实行以市场供求为基础的、有管理的浮动汇率制度。企业和个人按规定向银行买卖外汇,银行进入银行间外汇市场进行交易,形成市场汇率。自 2005 年 7 月 21 日起,我国开始实行以市场供求为基础、参考一篮子货币进行调节、有管理的浮动汇率制度。

(4)根据成交的品种、数量和交货期限等因素,灵活运用各种不同的定价办法,以免承担价格变动的风险。

(5)参照国际贸易的习惯做法,注意佣金和折扣的合理运用,以便有效利用中间代理商和扩大交易。

(6)如果合同中对交货品质和数量约定有一定的机动幅度,则对机动部分的作价也应一并规定。

(7)如包装材料和包装费另行计价时,对其计价办法也应一并规定。

(8)单价中涉及的计量单位、计价货币、装卸地名称,必须书写正确、清楚。鉴于合同中价格条款是一项核心条款,它与其他条款有着内在的联系,故价格条款的内容与其他相关条款的规定,应当彼此衔接,不能互相矛盾,以利于合同的履行。

第六节 出口价格构成

在国际贸易中,贸易术语通常是价格的组成部分,不同贸易术语表示其价格因素不同,即包括不同的从属费用。例如:FOB 术语中不包括从装运港到目的港的通常运费和保险费;CFR 术语则包括从装运港到目的港的通常运费;CIF 术语中,除包括从装运港到目的港的通常运费外,还包括保险费。在对外洽商交易过程中,有时一方按某种术语报价,而另一方不同意报价中使用的贸易术语,希望对方改为其他贸易术语报价。因此,外贸从业人员必须要了解主要贸易术语的价格构成。

FOB、CFR、CIF 三种常用的贸易术语的价格构成包括进货成本、各项费用开支和净利润三个方面的内容。其中费用开支包括国内费用开支和国外费用开支两部分。

国内费用项目较多,主要包括加工整理费、包装费、保险费、国内运费、装船费、检验费、公证费、产地证费、领事签证费、许可证费、报关单费、邮电费、贴现利息和手续费,以及预计损耗等。

国外费用主要包括从装运港至目的港的运输费用和海上货物运输保险费用。如有中间商,还应包括付给中间商的佣金。

就具体的贸易术语而言,FOB价包括实际成本、国内费用和预期利润;CFR价包括实际成本、国内费用、出口运费和预期利润;CIF价包括实际成本、国内费用、出口运费、出口保险费和预期利润。

1. FOB 价格构成

$$FOB价 = 实际成本 + 国内费用 + 预期利润$$
$$= 购货成本 - 退税收入 + 国内费用 + FOB \times 预期利润率$$
$$= 购货成本 - 购货成本 \times \frac{退税率}{1 + 增值税率} + 国内费用 + FOB \times 利润率$$
$$= 购货成本 \times \frac{1 + 增值税率 - 退税率}{1 + 增值税率} + 国内费用 + FOB \times 利润率$$

【例 3-1】 某公司从上海出口女士衬衫 3000 件到纽约,每件含增值税 17% 的成本是 23.4 元人民币/件,退税率为 9%,国内费用共计 3000 元人民币,利润为报价的 10%,当时的汇率为 6.2775 元人民币兑换 1 美元,请问 FOB 价是多少?

题意分析:报价原理为报价 = 成本 + 费用 + 利润,而 FOB 价 = 实际成本 + 国内费用 + 预期利润。

本题中用购货成本、增值税率和退税率,可以求出实际成本。国内费用已知,并且用利润率可以求利润。此外报价是报单件商品的外币价。

解:

$$FOB报价 = 实际成本 + 国内费用 + 利润$$
$$= 购货成本 - 退税额 + 国内费用 + 利润$$
$$= \frac{购货成本 \times (1 + 增值税率 - 退税率)}{1 + 增值税率} + 总国内费用 \div 总件数 + FOB报价 \times 利润率$$
$$= \frac{23.4 \times (1 + 17\% - 9\%)}{1 + 17\%} + 3000 \div 3000 + FOB \times 10\%$$
$$= (21.6 + 1) \div (1 - 10\%)$$
$$= 25.11(元) \div 6.2775(元人民币/美元)$$
$$= 4 \ 美元/件$$

故每件衬衣报价为 4 美元 FOB Shanghai。

2. CFR 价格构成

CFR 价比 FOB 价多了从装运港到目的港的运费,所以 CFR 的价格构成如下:

$$CFR价 = 实际成本 + 国内费用 + 国际运费 + 预期利润$$
$$= 购货成本 - 退税额 + 国内费用 + 国际运费 + CFR \times 预期利润率$$
$$= 购货成本 \times \frac{1 + 增值税率 - 退税率}{1 + 增值税率} + 国内费用 + 国际运费 + CFR \times 预期利润率$$
$$= (购货成本 \times \frac{1 + 增值税率 - 退税率}{1 + 增值税率} + 国内费用 + 国际运费) \div (1 - 预期利润率)$$

【例 3-2】 某公司从上海出口女士衬衫 3000 件到纽约,每件含增值税 17% 的成本是 23.4 元人民币/件,退税率为 9%,国内费用共计 3000 元人民币,国际运输费用为 1500 美元,利润为报价的10%,当时的汇率为6.2775元人民币兑换1美元,请核算CFR价是多少?

题意分析:CFR报价原理为:

$$CFR报价=实际成本+国内费用+国际运费+利润$$

本题已知购货成本、增值税率和退税率,可以求出实际成本。国内费用已知,国际运费已知,用利润率可以求利润。

解:

$$CFR报价=实际成本+国内费用+国际运费+利润$$

$$=购货成本\times\frac{1+增值税率-退税率}{1+增值税率}+国内费用+国际运费+CFR\times利润率$$

$$=(购货成本\times\frac{1+增值税率-退税率}{1+增值税率}+国内费用+国际运费)\div(1-预期利润率)$$

$$=[(23.4\times\frac{1+17\%-9\%}{1+17\%}+3000\div3000)\div6.2775+1500\div3000]\div(1-10\%)$$

$$=(22.6\div6.2775+0.5)\div(1-10\%)$$

$$=4.556(美元/件)$$

故每件女士衬衣为4.556美元CFR New York。

注意:计算时因报价需报外币单价,所以需将人民币折成美元并以单件价格为基础进行计算。

3.CIF价格构成

CIF价格包括实际成本、国内费用、出口运费、出口保险费和预期利润。CIF比CFR多了海上运输的保险费,比FOB多了国际运费和海上运输保险费用。其计算公式为:

$$CIF价=实际成本+国内费用+国际运费+保险费+预期利润$$

$$=购货成本-退税收入+国内费用+国际运费+CIF\times[1-(1+保险加成率)\times$$

$$保险费率]+CIF\times预期利润率$$

$$=购货成本\times\frac{1+增值税率-退税率}{1+增值税率}+国内费用+国际运费+CIF\times(1+保险$$

$$加成率)\times保险费率+CIF\times利润率$$

$$=(购货成本\times\frac{1+增值税率-退税率}{1+增值税率}+国内费用+国际运费)\div[1-(1+保险加$$

$$成率)\times保险费率-利润率]$$

【例3-3】 某公司从上海出口女士衬衫3000件到纽约,每件含增值税17%的成本是23.4元人民币/件,退税率为9%,国内费用共计3000元人民币,国际运费为1500美元,海运保险加10%投保一切险,保险费率为0.8%,利润为报价的10%,当时的汇率为6.2775元人民币兑换1美元,请核算CIF价是多少?

解:

$$单件实际成本=购货成本\times\frac{1+增值税率-退税率}{1+增值税率}$$

$$=23.4\times\frac{1+17\%-9\%}{1+17\%}$$

$$=21.6(元人民币)$$

CIF 报价＝单件实际成本＋单件国内费用＋单件国际费用＋单件国际保险费＋利润

　　　　＝单件实际成本＋单件国内费用＋单件国际费用＋CIF×投保加成×保险费率＋CIF×利润率

　　　　＝（单件实际成本＋单件国内费用＋单件国际费用）÷（1－110％×0.8％－10％）

　　　　＝$[(21.6+\frac{3000}{3000})÷6.2775+1500÷3000]÷(1-110％×0.8％-10％)$

　　　　＝4.6007（美元／件）

故女士衬衣 CIF 纽约价为每件 4.6007 美元。

4.含佣价的价格构成

在进出口合同的价格条款中,有时会涉及佣金的问题。价格条款中所规定的价格,可分为含有佣金的价格和不包含佣金的价格即净价(net price)。含有佣金的价格,在实际业务中通常称为"含佣价"。

依据上述所列公式分别可以得出三个含佣价的计算公式。其公式如下:

（1）FOBC3 的价格构成。

　　　　FOBC3 ＝实际成本＋国内费用＋佣金＋预期利润

因佣金是以含佣价为基础计算的,所以

　　　　佣金＝含佣价×佣金率

故

FOBC3 ＝实际成本＋国内费用＋ FOBC3×佣金率＋ FOBC3×预期利润率

　　　　＝（实际成本＋国内费用）÷（1－佣金率－利润率）

　　　　＝（购货成本×$\frac{1＋增值税率－退税率}{1＋增值税率}$＋国内费用）÷（1－佣金率－利润率）

（2）CFRC3 的价格构成。

CFRC3 ＝实际成本＋国内费用＋国际运费＋佣金＋预期利润

　　　　＝实际成本＋国内费用＋国际运费＋ CFRC3×佣金率＋ CFRC3×预期利润率

　　　　＝（实际成本＋国内费用＋国际运费）÷（1－佣金率－利润率）

（3）CIFC3 的价格构成。

CIFC3 ＝实际成本＋国内费用＋国际运费＋保险费＋佣金＋预期利润

　　　　＝（实际成本＋国内费用＋国际运费）÷（1－投保加成×保险费率－佣金率－利润率）

上述各公式可以给出一概括性公式,即

出口报价＝（货物实际成本＋出口各项费用之和）÷（1－出口各项费率之和－利润率）

【例 3－4】　某公司从上海出口女士衬衫 3000 件到纽约,每件含增值税 17％的成本是 23.4 元人民币／件,退税率为 9％,国内费用包括运杂费 800 元,商检报关费 100 元,港区港杂费 500 元,认证费 100 元,业务费 1000 元,其他费用为 500 元,从上海到纽约国际运输费用共为 1500 美元,海运保险加 10％投保一切险,保险费率为 0.8％,客户佣金为报价的 3％,利润为报价的 10％,当时的汇率为 6.2775 元人民币兑换 1 美元,请核算 CIFC3 价是多少?

解:

（1）成本。

含税成本:23.4（元人民币／件）;

退税收入：23.4÷(1＋17%)×9%＝1.8(元人民币/件)；

实际成本：23.4－1.8＝21.6(元人民币/件)。

(2)费用。

国内费用＝(800＋100＋500＋100＋1000＋500)÷3000＝1(元人民币/件)；

出口运费＝1500×6.2775÷3000＝3.13875(元人民币/件)；

客户佣金＝报价×3%；

保险费＝报价×110%×0.8%。

(3)利润。

$$利润＝报价×10\%$$

故 CIFC3 报价＝实际成本＋国内费用＋国际费用＋国际保险费＋佣金＋利润

$$＝(实际成本＋国内费用＋国际费用)÷(1－110\%×0.8\%－3\%－10\%)$$

$$＝(21.6＋1＋3.13875)÷0.8612$$

$$＝29.887(元人民币/件)$$

$$＝4.761(美元/件)$$

注意：(1)在进行报价核算时应注意币种的一致性。报价时，购货成本和退税额以及国内费用均为人民币元，而国际运费和国际保险费以及国际佣金和利润都是外币。在计算时可将人民币先折算成外币再加运费，也可将运费折成人民币再与成本和费用相加。

(2)核算时，需注意要将单价和总价区分开。已知条件中购货成本是单价，国内运费是总价，国际运费是总价，因此，核算时需将国内运费和国际运费折成单价再与成本相加。不论是单价核算还是总价核算，计算标准应保持一致。

为简化核算，现将【例3-4】用出口核算表反映，更加直观。如表3-1所示。

表 3-1　出口报价核算表

CIFC3 报价＝成本＋费用＋出口运费＋保险费＋佣金＋利润
$$＝实际成本＋费用＋3.1387＋报价×110\%×0.85\%＋报价×3\%＋报价×10\%$$ $$＝\dfrac{实际成本＋费用＋出口运费}{1－佣金率－利润率－保险费率×110\%}$$
计算公式： 退税收入：$\dfrac{23.4}{(1＋17\%)}×9\%＝1.8$ 元/件 实际成本：23.4－1.8＝21.6 元/件 费用：国内费用(800＋100＋500＋1600)÷3000＝1 元/件 出口佣金：报价×3% 出口运费：1500×6.2775÷3000＝3.1387 元/件 保险费用：CIF 报价×110%×0.8% 利润：报价×10%

项目	费用	项目	费用	项目	费用
增值税（VAT）	0.17				
出口退税率	0.09				
国内费用（如包装费等）	0				
仓储费用	0				
国内运费	800	商检费	50	报关费	50
港区杂费	500	其他费用	1600		
海洋运费（USD）	1500				
投保加成	1.1	保险费率	0.008		
佣金率	0.03				
数量（PCS）	3000				
美元汇率（X∶1）	6.2775				
预期利润	0.1				
成本	23.4				
退税收入	1.8				
实际成本	21.6				
费用（/PCS）	1				
出口运费	3.1387				
CIFC3 报价	29.887 元/件＝4.761 美元/件				

第七节　出口报价实例详解

一、FOB 价格的计算步骤和方法

FOB 价格的计算步骤如下：

（1）按照归类原则确定税则归类，将应税货物归入恰当的税目税号；

（2）根据完税价格审定办法，规定、确定应税货物的完税价格；

（3）根据汇率使用原则，将外币折算成人民币；

（4）按照计算方法正确计算应征税款。

二、出口报价核算

（一）报价数量核算

在国际货物运输中，经常使用的是 20 英尺和 40 英尺集装箱，20 英尺集装箱的有效容积为 25 立方米，40 英尺集装箱的有效容积为 55 立方米。出口商在做报价核算时，建议按照集

装箱可容纳的最大包装数量来计算报价数量,以节省海运运费。

出口交易中,采用 CFR、CIF 贸易术语成交的条件下,出口商需核算海运运费。出口交易中,集装箱类型的选用、货物的装箱方法对于出口商减少运费费用开支起着很大的作用。货物外包装的尺码、重量和集装箱的长、宽、高以及集装箱的载重和体积决定了货物在集装箱内的配载、排放以及堆叠的方式,也就决定了所装货物的数量。

集装箱的尺寸及集装箱的装载重量表参见表 3-2,集装箱的尺寸和重量参见表 3-3。

表 3-2 集装箱的尺寸及集装箱的装载重量表

		干货集装箱						散货集装箱			冷藏集装箱			
		20 英尺			40 英尺				20 英尺			20 英尺			40 英尺
		钢质	钢质高柜	铝质	钢质	钢质高柜	铝质	铝质高柜	钢质	钢质高柜	玻璃钢质	铝质	钢质高柜	玻璃钢质	铝质
外尺寸	长(mm)	6028	6058	6058	12192	12192	12192	12192	6058	6058	6058	6058	6058	6058	12192
	宽(mm)	2438	2438	2438	2438	2438	2438	2438	2438	2438	2438	2438	2438	2438	2438
	高(mm)	2438	2591	2591	2591	2896	2591	2896	2438	2591	2438	2438	2591	2591	2591
内尺寸	长(mm)	5917	5902	5925	12050	12034	12045	12060	5554	5824	5892	5477	5360	5085	11398
	宽(mm)	2336	2338	2344	2343	2345	2350	2343	2330	2335	2333	2251	2242	2236	2256
	高(mm)	2249	2376	2391	2386	2677	2377	2690	2159	2375	2202	2099	2148	2220	2113
内容积(m³)		31	32.84	33.1	67.4	75.9	67.4	76	29.6	32.3	30.3	25.9	25.51	25.1	52.04
总重(kg)		24000	22396	21372	30480	30480	30373	30480	20320	24386	20320	20320	21241	24384	30848
自重(kg)		1860	2275	1794	3100	4080	2981	3000	2530	2651	2450	2520	3004	3372	4519
载重(kg)		22140	20121	19578	27380	26400	27392	27480	17390	22035	17870	17800	18237	21012	23629

表 3-3 集装箱尺寸和重量表

类型	大小	内长(m)	内宽(m)	内高(m)	门高(m)	门宽(m)	容积(m³)	载重(t)	皮重(t)
普通箱	20GP	5.93	2.35	2.35	2.34	2.31	33.1	23	1.7
普通箱	40GP	12	2.35	2.35	2.30	2.30	67.55	27	3.4
普通箱	45GP	13.58	2.34	2.68	2.58	2.30	85.16	27	4

计算装箱数量,是一门较复杂的技术工作。科学的装箱方法可以降低运输成本。目前在计算集装箱装箱量上,有专门的集装箱计算软件,其对于不同规格的货物进行最科学的计算,以达到降低运输成本的目的。现介绍以下几种计算装箱量的方法。

1. 对同一批相同尺寸纸箱计算装箱量

对同一批相同尺寸纸箱计算装箱量时,需要按以下公式计算:

集装箱的内体积≥纸箱的数量×纸箱的长×纸箱的高×纸箱的宽

纸箱的数量≤集装箱的最大载重÷每箱毛重

在实际业务中,如果产品是属于轻泡货,则集装箱装箱量的计算只要按照体积计算即可;如果产品属于重货,则集装箱装箱量的计算只要按照重量计算即可;若界于两者之间,则要按以上公式计算。

2.对一批不同尺寸纸箱计算装箱量

对一批不同尺寸纸箱计算装箱量时,需要按以下公式计算:

集装箱的内体积≥(A型纸箱的数量×纸箱的长×纸箱的高×纸箱的宽)+(B型纸箱的数量×纸箱的长×纸箱的高×纸箱的宽)+(C型纸箱的数量×纸箱的长×纸箱的高×纸箱的宽)+……

外贸业务员需考虑纸箱在集装箱内多种不同的放置方式,根据计算得出最佳装箱方案。

【例3-5】 装箱条件:一批玩具出口,玩具所采用的包装纸箱尺寸为长580mm×宽440mm×高475mm,每箱毛重25kg,用40英尺钢质集装箱,箱内的尺寸为长12050mm×宽2343mm×高2386mm,内部容积67.4CBM,最大载重27380kg,试计算该集装箱最多可装多少个纸箱?

解:

(1)按照体积计算。

①纸箱放置方法一:

集装箱内尺寸:长12050mm×宽2343mm×高2386mm;

纸箱在集装箱内的对应位置为:长580mm×宽440mm×高475mm;

集装箱长、宽、高共可装箱量为:长20.77箱×宽5.3箱×高5.02箱;

去纸箱误差,集装箱可装纸箱数为:长20箱×宽5箱×高5箱=500箱;

体积为60.61m³。

②纸箱放置方法二。

集装箱内尺寸:长12050mm×宽2343mm×高2386mm;

纸箱在集装箱内的对应位置为:宽440mm×长580mm×高475mm;

集装箱长、宽、高共可装箱量为:长27.4箱×宽4.03箱×高5.02箱,去纸箱误差,集装箱可装纸箱数为:长27箱×宽4箱×高5箱=540箱;

体积为65.45 m³。

③纸箱放置方法三。

集装箱内尺寸:长12050mm ×宽2343mm ×高2386mm;

纸箱在集装箱内的对应位置为:高475mm ×长580mm ×宽440mm;

集装箱长、宽、高共可装箱量为:长25.3箱×宽4.03箱×高5.42箱,去掉纸箱误差,集装箱可装纸箱数为:长25箱×宽4箱×高5箱=500箱;

体积为60.61 m³。

通过人工简单地按体积计算,显然方法二是最佳的一般性计算装箱量的方法。

(2)按照重量计算。

集装箱的载重为27380千克,每箱货物毛重为25千克,则可装纸箱数量为:

纸箱数量=27380÷25=1095箱＞540箱

所以这个集装箱最多可以装540箱。

3.快速估算集装箱可装纸箱数量的方法

(1)按体积计算。

$$可装纸箱数量 Q=集装箱内容积×误差系数÷(纸箱长×宽×高)$$

误差系数一般取 0.9。

（2）按重量计算。

纸箱的数量 Q≤集装箱的最大载重÷每箱毛重

集装箱装箱量为按体积计算与按重量计算中较小者。

【例 3-6】 装箱条件：一批服装产品出口，所采用的包装纸箱尺寸为长 580mm×宽 380mm×高 420 mm，每箱毛重 20kg，用 40 英尺钢质集装箱，箱内尺寸为长 12050mm×宽 2343mm×高 2386mm，内容积为 67.4CBM，最大载重为 27380kg，请迅速计算该集装箱最多可装多少纸箱？

解：

按照体积计算：67.4×0.9÷(0.58×0.38×0.42)＝655(箱)，体积为 60.63m³；

按照重量计算：27380÷20＝1369(箱)；

故最大的装箱数量应为 655 箱。

需注意的是，在合同和信用证中应尽量有"溢短装条款"，以便在实际装箱时能够"进退自如"。

【例 3-7】 商品 06001"香味蜡烛"要出口到加拿大，目的港是蒙特利尔。每箱体积是 0.2058 m³，每箱装 60 只。试分别计算报价数量为 4000 件和 7260 件的海运运费。

解：

第 1 步：计算产品体积。

数量为 4000 件时，总体积＝$\frac{4000}{60}$×0.2058＝13.72(m³)；

数量为 7260 件时，总体积＝$\frac{7260}{60}$×0.2058＝24.9018(m³)。

第 2 步：查运价。

在运费查询表中，查到运至加拿大蒙特利尔的海运费分别是：每 20 英尺集装箱 USD1350，每 40 英尺集装箱 USD2430，拼箱每立方米 USD65。

另外，一个 20 英尺集装箱的最大容积为 25m³。根据第一步计算出的体积结果来看，4000 件的体积不足一个集装箱，运费宜采用拼箱。7260 件的体积刚好装满一个集装箱，宜采用 20 英尺集装箱。

所以，报价数量为 4000 件时，海运运费＝13.72×65＝891.8(美元)；报价数量为 7260 件时，海运运费为 1350 美元。

综上所述可知：箱子包装规格不同，摆放方法不同，一个集装箱所装数量不同，运输费用不同。

（二）采购成本核算

通过邮件和供应商联络，询问采购价格，用于成本核算。

【例 3-8】 商品三色戴帽熊，供应商报价为每只 6 元，求采购 9120 只三色戴帽熊的成本。

解： 采购成本＝6×9120＝54720(元)

（三）出口退税收入核算

根据产品品名在《HS 编码》中查询其"海关编码"，在"税则"中，根据"海关编码"，查询增值税率和出口退税率。

【例 3-9】 经查商品三色戴帽熊的海关编码是 95034100。在税则中,根据"95034100",可查出增值税率为 17%,出口退税率为 15%。已从供应商处得知供货价为每只 6 元(含增值税 17%),试算 9120 只三色戴帽熊的出口退税收入。

解:

退税收入＝采购成本÷(1＋增值税率)×出口退税率
＝6×9120÷(1＋17%)×15%
＝7015.38(元)

(四)国内费用核算

国内费用包括内陆运费、报检费、报关费、核销费、公司综合业务费、快递费。

【例 3-10】 已知内陆运费为每立方米 100 元,报检费 120 元,报关费 150 元,核销费 100 元,公司综合业务费 3000 元,DHL 费 100 元。其中:内陆运费＝出口货物的总体积×100;总体积＝报价数量÷每箱包装数量×每箱体积。

商品三色戴帽熊的包装为"每箱 5 打,每打 12 个",表示每箱可装 60 个,每箱体积 0.164 立方米,求报价数量为 9120 只的内陆运费是多少?

解:

总体积＝9120÷60×0.164＝24.928(立方米)
内陆运费＝24.928×100＝2492.8(元)

(五)海运运费核算

出口交易中,采用 CFR、CIF 贸易术语成交的条件下,出口商需核算海运运费。

在出口交易中,集装箱类型的选用、货物的装箱方法对于出口商减少运费开支起着很大的作用。货物外包装箱的尺码、重量,货物在集装箱内的配装、排放以及堆叠都有一定的讲究,需要在实践中摸索。

如果根据货物的体积来计算运费。我们以一个理论算法来规定 20 英尺和 40 英尺集装箱装箱数量的计算:20 英尺集装箱的有效容积为 25 立方米,40 英尺集装箱的有效容积为 55 立方米。

在核算海运费时,出口商首先要根据报价数量算出产品体积,再找到对应该批货物目的港的运价。如果报价数量正好够装整箱(20 英尺或 40 英尺),则直接取其运价为海运运费;如果不够装整箱,则用产品总体积×拼箱的价格来算出海运运费。由于运价都以美元显示,在核算完海运运费后,应根据当天汇率换算成人民币。

【例 3-11】 商品三色戴帽熊要出口到加拿大,目的港是蒙特利尔港口。试分别计算报价数量为 5000 件和 9120 件的海运运费。

解:

第 1 步:计算产品体积。

已知商品三色戴帽熊的体积是每箱 0.164 立方米,每箱装 60 只。根据产品资料,先计算产品体积。

报价数量为 5000 件,总体积＝5000÷60×0.164＝13.66(立方米);

报价数量为 9120 件,总体积＝9120÷60×0.164＝24.928(立方米)。

第 2 步:查运价。

在运费费率表中,查到运至加拿大蒙特利尔港的海运费分别是:每20英尺集装箱USD1350,每40英尺集装箱USD2430,拼箱每立方米USD65。

根据第1步计算出的体积结果来看,5000件的运费宜采用拼箱,9120件的海运费宜采用20尺集装箱。

报价数量为5000件,海运运费＝13.66×65＝887.9(美元);

报价数量为9120件,海运运费＝1350(美元)。

第3步:换算成人民币。

在汇率表中,查到美元的汇率为8.25元人民币兑换1美元。

报价数量为5000件,海运运费(人民币)＝887.9×8.25＝7325.175(元)

报价数量为9120件,海运运费(人民币)＝1350×8.25＝11137.5(元)

(六)保险费核算

出口交易中,在以CIF术语成交的情况下,出口商需要到"保险费费率表"中查询保险费率,用以核算保险费。保险费计算公式如下:

$$保险费＝保险金额×保险费率$$
$$保险金额＝CIF货价×(1＋保险加成率)$$

在进出口贸易中,根据有关的国际惯例,保险加成率通常为10%,出口商也可根据进口商的要求与保险公司约定不同的保险加成率。

【例3－12】 商品三色戴帽熊的CIF价格为USD8937.6,进口商要求按成交价格的110%投保一切险(保险费率0.8%)和战争险(保险费率0.08%),试计算出口商应付给保险公司的保险费用。

解:

保险金额＝8937.6×110%＝9831.36(美元);

保险费＝9831.36×(0.8%＋0.08%)＝86.52(美元);

查人民币对美元汇率为8.25比1,换算人民币＝86.52×8.25＝713.79(元)。

提示:在我国出口业务中,CFR和CIF是两种常用的术语。鉴于保险费是按CIF货价为基础的保险额计算的,两种术语价格应按下述方式换算:

由CIF换算成CFR价:CFR＝CIF×[1－(1＋保险加成率)×保险费率]

由CFR换算成CIF价:CIF＝CFR÷[1－(1＋保险加成率)×保险费率]

(七)银行费用核算

银行费用计算公式如下:

$$银行费用＝报价总金额×银行费率$$

不同的结汇方式,银行收取的费用也不同。银行费率在"银行费用表"中可以查到。

【例3－13】 报价总金额为USD8846.4时,分别计算L/C、D/P、D/A、T/T的银行费用。

解:

第1步:查询费率。

在"银行费用表"中查得L/C费率为1%、D/A费率为0.15%、D/P费率为0.17%、T/T费率为0.1%。

第2步:查询汇率。

在"汇率表"中,查到美元的汇率为8.25元人民币兑换1美元。

第3步:计算银行费用。

L/C银行费用＝8846.4×1‰×8.25＝729.83(元);

D/P银行费用＝8846.4×0.17‰×8.25＝124.07(元);

D/A银行费用＝8846.4×0.15‰×8.25＝109.47(元);

T/T银行费用＝8846.4×0.1‰×8.25＝72.98(元)。

(八)利润核算

利润的计算公式如下:

$$利润＝报价金额－采购成本－各项费用＋退税收入$$

【例3-14】 商品三色戴帽熊增值税率为17%,退税率为15%,体积为每箱0.164立方米。报价数量为9120只;FOB报价金额为每只0.8美元;采购成本为每只6元;报检费120元;报关费150元;内陆运费2492.8元;核销费100元;银行费用601.92元;公司综合业务费3000元,外币汇率为8.25元人民币兑1美元。试计算该笔FOB报价的利润额。

解:

报价金额＝0.8×9120×8.25＝60192(元)

采购成本＝6×9120＝54720(元)

各项费用＝120＋150＋2492.8＋100＋601.92＋3000

    ＝6464.72(元)

退税收入＝54720÷(1＋17%)×15%＝7015.38(元)

利润＝60192－54720－6464.72＋7015.38＝6022.66(元)

(九)FOB、CFR、CIF的外币报价核算

【例3-15】

报价资料如下:

商品名称:"三色戴帽熊";

商品资料:每箱装60只,每箱体积0.164立方米;

供货价格:每只6元;

税　　率:供货单价中均包括17%的增值税,出口毛绒玩具的退税率为15%;

国内费用:内陆运费(每立方米)100元;报检费120元;报关费150元;核销费100元;公司综合费用3000元;

银行费用:报价的1%(L/C银行手续费1%);

海 运 费:从上海至加拿大蒙特利尔港口一个20英尺集装箱的费用为1350美元;

货运保险:CIF成交金额的基础上加10%投保中国人民保险公司海运货物保险条款中的一切险(费率0.8%)和战争险(费率0.08%);

报价利润:报价的10%;

报价汇率:8.25元人民币兑换1美元。

报价核算操作:

(1)成本。

含税成本＝6(元/只)

退税收入＝6÷(1+17%)×15%＝0.7692(元/只)

实际成本＝6－0.7692＝5.2308(元/只)

20英尺集装箱包装件数＝25÷0.164＝152(箱)

报价数量＝152×60＝9120(只)

(2)费用。

国内费用＝(9120÷60×0.164×100+120+150+100+3000)÷9120

    =0.6429(元/只)

银行费用＝报价×1%

海运费＝1350×8.25÷9120＝1.2212(元/只)

保险费＝CIF报价×110%×0.88%

(3)利润＝报价×10%。

FOB报价＝实际成本+国内费用+银行手续费+利润

    =5.2308+0.6429+报价×1%+报价×10%

    =(5.2308+0.6429)÷(1－1%－10%)

    =5.8737÷0.89÷8.25

    =0.7999(美元/只)

CFR报价＝实际成本+国内费用+海运费+银行手续费+利润

    =5.2308+0.6429+1.2212+报价×1%+报价×10%

    =(5.2308+0.6429+1.2212)÷(1－1%－10%)

    =7.0949÷0.89÷8.25

    =0.9663(美元/只)

CIF报价＝实际成本+国内费用+海运费+保险费+银行手续费+利润

    =5.2308+0.6429+1.2212+报价×110%×0.88%+报价×1%+报价×10%

    =(5.2308+0.6429+1.2212)÷(1－110%×0.88%－1%－10%)

    =7.0949÷0.88032÷8.25

    =0.9769(美元/只)

出口9120只三色戴帽熊的报价如下(注:计算时保留4位小数,最后报价取小数点后2位):

USD0.8 PER CARTON FOB SHANGHAI(每只0.8美元上海港船上交货)

USD0.97 PER CARTON CFR MONTREAL(每只0.97美元成本加运费至蒙特利尔)

USD0.98 PER CARTON CIF MONTREAL(每只0.98美元成本加运保费至蒙特利尔)

 由以上报价不难看出,出口报价核算并不深奥,其中的关键是掌握各项内容的计算基础并细心地加以汇总。上述的报价核算可以说是一个比较精确的出口报价核算范例。在实际交易中,出口商往往会采用一些简单粗略或简化的计算方法以使报价更为快捷。出口报价中的费用部分在价格中所占比例虽然不会很大,但由于内容较多且计费方法又不尽相同,所以在计算时应特别注意。而按照最后报价的一定百分比计费的内容注意采用一次求出的方法,否则报价会较低。

根据上述报价情况,以下问题应当引起注意:

(1)按照实际报价的一定百分比计算的内容应一次求出,否则容易造成报价的低估。

(2)实际业务中,除了采用费用额相加的方法外,还有规定定额费用的做法,该费用率的计算基础是含税的进货成本。

(3)银行费用是根据出口金额的一定百分比收取,计费基础是成交价格。佣金和保险费通常也根据成交价格来计算。

(4)垫款利息按照进货成本计算,远期收款利息按照成交价格计算。

(5)报价核算有总价核算和单价核算两种方法:总价法是以整批货的总量为计算基础,结果比较精确,但要将核算结果折算成单价后才能对外报价;单价法是以单件产品为基础计算,可以直接求出报价,但计算过程需保留多位小数,以保证报价准确,上述实例采用的就是单价核算法。

(6)注意报价的计量单位以及集装箱数量的准确性,它直接影响单位运价和国内费用的多少。

(7)出口报价核算出来之后,可以采用逆算方法验算,即报价产生以后,用收入减去支出等于成本的原理来核算对外报价是否正确。

(8)业务员在对外磋商之前就应进行报价核算,以做到对一票买卖的综合经营状况心中有数。因此,业务员务必填好出口商品价格核算单。

本章小结

1.进出口商品价格涉及买卖双方的利害关系,是双方当事人最为关心的问题,故成交价格往往成为买卖双方洽商的重点,并且在洽商交易过程中经常出现讨价还价的情况。

2.我国进出口商品的作价原则是:根据平等互利的原则,参照国际市场价格水平,结合国别(地区)政策,按我方经营意图,确定适当的价格。在价格掌握上,要求加强成本核算,防止不计成本、不管盈亏、单纯追求成交量的情况。

3.根据国际市场商品供需变化和价格走势,并考虑影响成交商品价格的诸多因素,确定适当的价格,防止出现盲目坚持高价或随意削价的偏向。同时,还应根据成交商品质量的优劣、数量的多少、交货时间与地点不同等因素,相应确定不同的价格,以体现品质差价、数量差价、季节性差价和地区差价等。

4.贸易术语是进出口商品单价的组成部分,合理选用适当的贸易术语,有利于提高外贸经济效益和顺利完成进出口任务。

5.进出口商品的定价办法很多,合理选择适当的定价办法,不仅有利于避免承担价格变动的风险,而且也有利于促成交易。

6.佣金与折扣都是市场经济的产物,按照国际贸易习惯做法,合理选择和运用佣金与折扣,有利于利用中间商的购销渠道和扩大贸易。

7.进出口合同中的价格条款是一项核心条款,除涵盖商品单价和总价外,还与其他相关条款有着密切的联系,其涉及的内容是相当广泛的。

课后练习

一、判断题

1. CIF 价不包括国外保险费。　　　　　　　　　　　　　　　　（　　　）

2. 在采用价格调整条款时,合同价格的调整是有条件的。　　　　（　　　）

3. 在合同中选择固定价格是最佳的做法。　　　　　　　　　　　（　　　）

4. 出口成本价格就是出口成交价格。　　　　　　　　　　　　　（　　　）

5. 佣金是卖方给买方的价格减让。　　　　　　　　　　　　　　（　　　）

二、选择题

1. 某买卖合同中规定:"如果卖方因国内原材料价格指数上升 1‰,对本合同未执行的数量,双方协商调整价格。"这是(　　　)。

　A. 固定价格　　　B. 非固定价格　　　C. 暂定价格　　　D. 价格调整条款

2. 某合同价格条款规定为"每公吨 CIF 大阪 100 美元",这种价格是(　　　)。

　A. 净价　　　　　B. 含佣价　　　　　C. 离岸价　　　　D. 成本价

3. 某公司对外报价为 CIF 价 150 美元,外商要求改报 CIFC5‰,我方应报价为(　　　)。

　A. 157.0 美元　　B. 157.4 美元　　　C. 157.8 美元　　D. 157.9 美元

4. 下列单价条款对佣金描述正确的有(　　　)。

　A. 每公吨 150 美元 CIF 上海,包括 20‰的佣金

　B. 每公吨 150 美元 CIF 上海,每公吨付佣金 3 美元

　C. 每公吨 150 美元 CIF 上海

　D. 每公吨 150 美元 CIF 上海,包含佣金

5. 合同中的单价条款不包括(　　　)。

　A. 总值　　　　　B. 计量单位　　　　C. 单位价格金额　　D. 计价货币

三、简答题

1. 影响商品成交价格的因素有哪些?

2. 简述采用固定价格的优缺点。

3. 如何在合同中表示佣金?

4. 如何在合同中表示折扣?

四、技能训练

1. 分析题

请分析下列我方出口单价的写法是否正确? 如有错误或不完整,请更正或补充。

(1)每码 3.50 元 CIFC 香港;

(2)每箱 500 英镑 CFR 净价英国;

(3)每公吨 1000 美元 FOB 伦敦;

(4)每打 100 法国法郎 FOB 净价减 1‰折扣;

(5)2000 日元 CIF 上海包含佣金 2‰。

2. 案例题

某公司 A 与另一公司 B 签订一份为期 10 年的供货合同。合同规定:A 公司每月向 B 公司供应 10 公吨 1 级菜油,价格每季度议定一次。同时规定:"如双方发生争议,应提交仲裁处

理。"但该合同执行了半年后,甲方提出因合同价格不明确,主张合同无效,后报经仲裁裁决。

请问:合同中价格条款是否明确,你认为应该如何处理争议?

3. 实训题

(1)我国某公司向外商报价每公吨 1000 美元 CFR 曼谷,而外商来电要求改报 CIF 曼谷含 5%佣金价。我方应报 CIFC5%曼谷价为多少?(注:设保险费率合计为 0.85%)

(2)如果我方向外商报价为 CIF 香港每公吨 520 美元,含折扣 2%,那么我方扣除折扣的净收入是多少?

第四章
出口还价核算

知识目标

1. 了解还盘的含义；
2. 掌握还价核算原理。

技能目标

掌握用逆算法进行还价核算。

重点

1. 用客户所还价格核算利润；
2. 在利润不变情况下,用所还价格核算采购成本。

难点

用所还价格核算成本、费用和利润中的任何一项。

第一节　出口还盘

一、还盘的含义和法律意义

还盘(counter-offer)又称还价,在法律上称为反要约,是交易磋商的环节之一。还盘是指受盘人不同意或不完全同意发盘提出的各项条件,并提出了修改意见,建议原发盘人再考虑。即还盘是对发盘所载的品质、数量、价格、装船日期、付款条件等进行添加、限制或其他更改,提出新的交易条件。受盘人的答复如果在实质上变更了发盘条件,就构成了对发盘的拒绝,其法律后果是否定了原发盘,原发盘即告失效,原发盘人就不受其约束。根据《联合国国际货物销售公约》规定,受盘人对货物的价格、付款、品质、数量、交货时间与地点、赔偿责任范围或解决争端的方法等条件提出添加或更改,均视为实质性变更发盘条件。

还盘既是受盘人对发盘的拒绝,也是受盘人以发盘人的地位所提出的一项新的发价。一方的发盘经对方还价后即失去效力,除非得到原发盘人的同意,需注意的是,受盘人不得在还盘后后悔,再接受原发盘。

对还盘再作还盘,实际上是对新发盘的还盘。一方发盘,另一方如果对其内容不同意,可以进行还盘。同样的,一方的还盘,另一方对其内容不同意,也可以再进行还盘。一笔生意有时不经过还盘即可达成,有时要经过还盘,甚至往返多次的还盘才能达成协议。还盘不仅可以对商品价格,也可以对交易的其他条件提出修改意见。在还盘时,对双方已经同意的条件一般无需重复列出。

此外,对发盘表示有条件的接受,也是还盘的一种形式。例如受盘人在答复发盘人时,附加有"以最后确认为准"、"未售有效"等规定或类似的附加条件,这种答复只能视作还盘或邀请发盘。还盘的内容,凡不具备发盘条件,即为"邀请发盘"。如还盘的内容具备发盘条件,就构成一个新的发盘,还盘人成为新发盘人,原发盘人成为新受盘人,新受盘人有对新发盘做出接受、拒绝或再还盘的权利。

二、出口商对还盘的选择和策略

在出口商发盘后,进口商往往会就价格进行还盘。这时出口方通常面临三种选择:一是完全接受对方的还价,合同即告成立;二是坚持原价,即拒绝对方的还价;三是针对对方的还价进行再还价,或是有条件地接受对方的还价。

进出口业务中,面对买家的还价,出口商可以采取的对策:

(1)努力说服客户接受原报价,不作让步。

(2)减少公司的利润以满足客户的降价要求。

(3)降低采购成本。

(4)缩小费用开支以达到降价目的。

三、还盘举例

进行还盘时,可用"还盘"术语,但一般仅将不同条件的内容通知对方,即意味着还盘。

(1)"你5日电,还盘CFR价212英镑,10日复到有效。"

YC 5TH COUNTER OFFER CFR GBP 212 REPLY HERE 10TH.

(2)"你6日电可接受,但10月份装船,电复。"

YC 6TH ACCEPTABLE BUT SHIPMENT OCTOBER CABLE REPLY.

(3)3月8日来电"你方来盘价格太高480英镑8—9月份装运限12日复到"。

YOUR OFFER PRICE IS TOO HIGH COUNTER OFFER GBP 480 SHIPMENT DURING 8/9 REPLY 12TH.

(4)3月10日去电"你方8日电最低价490英镑限14日回复。"

YOURS EIGHT LOWEST GBP 490 REPLY 14TH.

(5)3月12日来电"你方10日电485英镑限16日复到。"

YOURS TENTH PRICE GBP 485 SUBJECT TO REPLY 16TH.

第二节 还盘价格核算

进出口业务中,作为一个出口商,在对外报出价格后自然十分愿意收到肯定的回复。然而,交易中很少碰上不还价的对手,在激烈的市场竞争环境中,讨价还价常常是交易磋商中的主旋律。进出口贸易中,无论出口商还是进口商,在收到对方报价后立即成交,即所谓一锤定音的情形也很少出现。那么,收到对方的还价以后,正确地进行还价核算就成了出口交易中的重要操作技能。通过出口报价核算的操作,我们已经对出口价格的构成有了一定的了解,出口还价核算操作技能的掌握是建立在对报价原理十分熟悉基础上的。我们知道所有的报价都是由成本、费用和利润三要素构成的,出口商在报价时除了要清楚地了解可能发生的各种费用及其计收的标准和方法以外,合理地确定利润也是十分重要的。报价中有很高的利润自然很好,但因此也可能会吓跑买主或是让竞争者占先,而报价过低则会影响出口商的收益。如何更好地了解客户的需求和市场的竞争状况,正确地制定报价策略对报价的成功或基本奏效将起到一定的作用。如果报价被改变,即所谓遭到了对方的还价,这意味着构成价格的各要素之间可能会发生变化。在实际业务中,贸易商如何对待客户的还价呢?首先要针对还价进行必要的核算,了解在价格降低以后对出口商预期利润的影响程度,其次要分析在构成价格的各要素中,哪些要素和成分有可能作一些变化和调整能保证自己的利益。

一、价格核算的方法

出口价格核算有顺算法和逆算法之分,顺算法主要是用成本、费用和利润的叠加以产生正确的报价,即报价＝成本＋费用＋利润;而逆算法则是在报价产生之后,用收入减去支出等于成本的原理来核对报价是否正确无误,即成本＝收入－支出。在进行出口还价核算时,出口商通常首先要考虑的问题是根据客户的还价,确定自己是否还有利润,利润额是多少。此时采用逆算法。计算利润额时,可采用单价法也可采用总价法。单价法是在计算时各项均以单一商品为计算基础的方法,即单位产品利润＝单位产品所还价格－单位产品的成本－单位产品的费用。总价法是以一个集装箱或整个订单的商品作为基数进行计算,即总利润＝总收入－总成本－总费用。业务实践中,总价法比较直观而且比较精确,采用较多。除了计算利润额以外,有时出口商还会进行利润率的核算。核算利润率的主要目的是为了将经过还价后的利润率和报价利润率进行比照,以确定盈利情况。

二、面对还价出口商采取的措施

还价核算时,出口商采取的措施有:

(1)努力说服客户接受原报价,不作让步。出口商采取这种策略的最大风险是可能会失去成交的机会,甚至会失去客户。

(2)缩小费用开支以达到降价的目的。当然,如果出口商希望缩小的是公司业务费用以外的费用,例如运费、港口码头费等,则必须和有关方面进行磋商和协调,当然,选择在价格中占有一定比例并且有调整余地的费用才是最有意义的。

(3)当买方压低价格后,在其他各项不变的情况下,卖方减少公司的利润以满足客户的降价要求。这虽然是最直接和最简便的方法,但它牺牲的是出口商自身的经济利益,因而往往是出口商最不愿意采取的对策。利润的计算公式为:

利润＝销售收入＋退税收入－实际成本－国内费用－出口运费－出口保险费－客户佣金

(4)如买方压低价格,卖方保持利润不变时,卖方可考虑降低采购成本。即出口商通过压低供货价格的办法来调整报价,但要达到降低成本的目的通常需要经过与供货商艰苦的谈判,有时甚至会有得不偿失的结果。国内采购成本的计算公式为:

国内采购成本＝销售收入＋退税收入－销售利润－国内费用－出口运费－出口保险费－客户佣金

(5)卖方在重新报价时,会考虑适当降低利润率的方法。常用公式如下:

①FOB＝成本＋费用＋利润

＝实际成本＋国内费用＋新预期利润

＝实际成本＋国内费用＋报价×重新调整利润率

②CFR＝成本＋费用＋利润

　　＝实际成本＋国内费用＋出口运费＋新预期利润

　　＝实际成本＋国内费用＋出口运费＋报价×重新调整利润率

③CIF＝成本＋费用＋利润

　　＝实际成本＋国内费用＋出口运费＋出口保险费＋新预期利润

　　＝实际成本＋国内费用＋出口运费＋出口保险费＋报价×重新调整利润率

④FOBC＝成本＋费用＋利润

　　　＝实际成本＋国内费用＋客户佣金＋新预期利润

　　　＝实际成本＋国内费用＋客户佣金＋报价×重新调整利润率

⑤CFRC＝成本＋费用＋利润

　　　＝实际成本＋国内费用＋出口运费＋客户佣金＋新预期利润

　　　＝实际成本＋国内费用＋出口运费＋客户佣金＋报价×重新调整利润率

⑥CIFC＝成本＋费用＋利润

　　　＝实际成本＋国内费用＋出口运费＋出口保险费＋客户佣金＋新预期利润

　　　＝实际成本＋国内费用＋出口运费＋出口保险费＋客户佣金＋报价×重新调整利润率

注意：

$$出口定额费用＝单位产品采购成本×出口定额费率$$

$$国内包干费＝\frac{总包干费金额}{交货数量}$$

$$海运费＝总海运费×\frac{汇率}{交货数量}$$

$$垫款利息＝单位产品采购成本×年利率×\frac{占款月数}{12}$$

$$保险费＝CIF成交价格×110\%×保险费率$$

$$银行手续费＝成交价格×银行手续费率$$

$$佣金＝成交价格×佣金率$$

三、出口还价核算实例

我们可以下列实例分析出口还价核算过程。

【例4-1】 2012年6月，某出口公司出口陶瓷制餐具，数量为1个20尺货柜，进货成本150元/套(含17%增值税，退税率9%)，每箱装1套货物。20尺货柜(按25个立方米计)需发生的费用有：运杂费900元，商检及报关费200元，港杂费700元，公司业务费1300元，其他费用950元，深圳到纽约20英尺货柜包箱费率2250美元，美元对人民币汇率为1：8.25。货物外箱体积为0.4m×0.35m×0.38m。我方对外报价为每套25.10美元CFR纽约，客户还价每套22美元CFR纽约。

请分别计算：

(1)按客户还价，核算我方盈亏情况、总利润额及利润率。

(2)保持5%利润的还价情况。

(3)保持8%利润的国内采购价调整情况。

解：

(1)按照客户还价，求出我方是否能得到利润（按每套商品作为计算基础，即单价法计算）。

外箱体积：$0.4 \times 0.35 \times 0.38 = 0.0532$（立方米）

报价数量：20英尺货柜（按25立方米计算）

包装件数 $= \dfrac{25}{0.0532} = 469$（箱）（每箱装一套）

销售收入 $= 22 \times 8.25 = 181.5$（元）

退税金额 $= \dfrac{采购成本}{1+增值税率} \times 退税率$

实际成本 $= 采购成本 - \dfrac{采购成本}{1+增值税率} \times 退税率$

$\quad = 150 - \dfrac{150}{1+17\%} \times 9\%$

$\quad = 150 - 11.5385$

$\quad = 138.4615$（元/套）

国内费用总额 $=$ 运杂费900元 $+$ 商检报关费200元 $+$ 港区港杂费700元 $+$ 公司业务费1300元 $+$ 其他费用950元 $= 4050$元

每套餐具国内费用 $= \dfrac{4050}{469} = 8.6353$（元）

海运费 $= \dfrac{2250}{469} \times 8.25 = 39.5789$（元/套）

按逆算法核算，即：

销售利润 $=$ 销售收入 $-$ 实际成本 $-$ 国内费用 $-$ 海运费

$\quad = 181.5 - 138.4615 - 8.6353 - 39.5789$

$\quad = -5.1757$（元/套）

利润为负数，每套亏损5.1757元，亏损率为 $\dfrac{5.1757}{181.5} = 2.85\%$

(2)按照我方保持5%利润还价情况（按顺算法计算）：

CFR价 $=$ 实际成本 $+$ 国内费用 $+$ 海运费 $+$ 利润

$\quad = 138.4615 + 8.617 + 39.5901 +$ 报价 $\times 5\%$

将等式两边移项，得：

CFR价 $-$ 报价 $\times 5\% = 138.4615 + 8.617 + 39.5901 = 186.6686$

$\text{CFR} = \dfrac{186.6686}{1-5\%} = 196.4933$（元/套）

折成美元：$\dfrac{196.4933}{8.25} = 23.8174$（美元/套）

按照我方保持5%利润，每套可以还价23.82美元。

(3)按照我方保持8%的利润，进行国内采购价的调整计算（按逆算法计算）：

实际成本 $=$ 销售收入 $-$ 销售利润 $-$ 海运费 $-$ 国内费用

$\quad = 22 \times 8.25 - 22 \times 8.25 \times 8\% - 39.5789 - 8.6353$

$\quad = 181.5 - 14.52 - 48.2142$

$=118.7658$(元/套)

进货成本=实际成本×(1+增值税率)÷(1+增值税率-出口退税率)

$\qquad = 118.7658 \times (1+17\%) \div (1+17\%-9\%)$

$\qquad = 138.9560 \div 1.08$

$\qquad = 128.6630$(元/套)

国内进货价调整为 128.663 元方可以成交。

对以上核算结果,出口商可根据国际市场的价格水平,结合自己的销售意图,合理妥当地对外还价。

【例 4-2】 商品名称:台灯;包装方式:4 盏一纸箱;纸箱尺码:50cm×62cm×64cm;纸箱重量:16/13.2kg;国内采购成本:每盏 86 元(含增值税 17%);出口退税率:13%。出口费用包括:出口商的定额费用率 3.5%;国内包干费为每 20 英尺集装箱 750 元,每个 40 英尺集装箱 1250 元;海洋运费为每运费吨 75 元,每个 20 英尺集装箱的海运包箱费率为 1200 美元,40 英尺集装箱的海运包箱费 2100 美元。该笔交易预计垫款周期为 1 个月,银行贷款的年利率为 5.8%;海运的保险费率为 0.35%,投保加成率为 10%;银行手续费率为 0.25%(按结算金额计)。

试根据上述资料进行以下出口还价核算,汇率按 1 美元兑换 7.2 元人民币计。

(1)如果客户提出的 CFR 还价为每盏 14.5 美元,试计算出口一个 20 英尺集装箱的货物,出口商可以获得的利润为多少元人民币? 其销售利润率和成本利润率又分别为多少?

(2)如果客户提出订购一个 40 英尺整箱的货物,而其能够接受的 CIF 价格为每盏 14.3 美元,在此条件下计算出口商的利润总额和销售利润率分别为多少?

解:

(1)因计算一个 20 尺集装箱的总利润,所以采用总算法。每个 20 英尺集装箱的货物数量经推算为 $\dfrac{25}{0.5 \times 0.62 \times 0.64} = 126$ 箱,共有 $126 \times 4 = 504$ 盏;因此:

销售收入:$14.5 \times 7.2 \times 504 = 52617.6$(元)

退税收入:$86 \times \dfrac{504}{1.17} \times 13\% = 4816$(元)

采购成本:$86 \times 504 = 43344$(元)

包干费:750(元)

海洋运费:$1200 \times 7.2 = 8640$(元)

银行费用:$52617.6 \times 0.25\% = 131.544$(元)

垫款利息:$43344 \times \dfrac{5.8\%}{12} = 209.496$(元)

定额费用:$43344 \times 3.5\% = 1517.04$(元)

利润总额=销售收入+退税收入-采购成本-各项费用

$\qquad = 52617.6 + 4816 - 43344 - 750 - 8640 - 131.544 - 209.496 - 1517.04$

$\qquad = 2841.52$(元)

销售利润率 $= \dfrac{2841.52}{52617.6} \times 100\% = 5.4\%$

成本利润率 $= \dfrac{2814.52}{43344} \times 100\% = 6.49\%$

(2)每个 40 英尺的集装箱所装货物数量经推算为 $\dfrac{55}{0.5\times0.62\times0.64}$＝277,共计 277×4＝1108 盏;因此:

销售收入:14.3×7.2×1108＝114079.68(元)

退税收入:$86\times\dfrac{1108}{1.17}\times13\%$＝10587.5556(元)

采购成本:86×1108＝95288(元)

包干费:1250(元)

海洋运费:2100×7.2＝15120(元)

海运保险费:114079.68×110%×0.35%＝439.2068(元)

银行费用:114079.68×0.25%＝285.1992(元)

垫款利息:$95288\times5.8\%\times\dfrac{30}{360}$＝460.5587(元)

定额费用:95288×3.5%＝3335.08(元)

获利总额:销售收入＋退税收入－采购成本－各项费用＝8489.1909 元

销售利润率:$\dfrac{8489.1909}{114079.69}\times100\%$＝7.44%

成本利润率:$\dfrac{8489.1909}{95288}\times100\%$＝8.909%

本章小结

进出口还价核算时一般采用逆算法,即按成本＝收入－费用－利润或费用＝收入－成本－利润或利润＝收入－成本－费用三个公式核算。对方所还价格作为收入,在费用和利润不变时,计算成本;在成本和利润不变时,计算费用;在成本和费用不变时,计算利润。

课后练习

广东水产进出口公司出口大虾 17 吨,报价资料如下:

报价数量:17 公吨(计一个 20 英尺集装箱);进货价格:每吨 5850 元人民币(含增值税 17%),出口退税 3%;国内费用:运杂共费 1000 元,出口包装费每公吨 450 元,出口商检费共 200 元,报关费共 100 元,港区港杂费共 1000 元,其他各种费用共 1550 元;贷款利息:贷款年利率为 8%,垫款时间 2 个月;银行手续费为 0.5%(按成交价计算);出口运费:1700 美元;保险:按报价的 110%投保,保险费率 0.85%(以成交价格计算);佣金:3%;预期利润:10%(以成交价格计算);汇率:6.25 元人民币兑换 1 美元。广东水产进出口公司通过核算进行报价:CIFC3 为 1318.85 美元/公吨。

试按下列条件进行还价核算:

(1)我方对外报价后,随即受到外商的还盘,每公吨 1290 美元 CIFC3 价,此时外贸公司获得的利润额是多少?

(2)如果外贸公司 10%的销售利润不变,国内采购价降价为多少?

第五章
出口成交核算

知识目标

1. 了解接受、出口盈亏额及盈亏率的含义；
2. 掌握成交核算原理；
3. 掌握出口商品创汇率的含义；
4. 掌握出口换汇成本的含义。

技能目标

1. 掌握用顺算法进行成交核算；
2. 掌握盈亏核算、换汇成本核算；
3. 进行创汇率核算。

重点

1. 用双方所成交的价格核算利润和利润率；
2. 出口盈亏核算、换汇成本核算；
3. 换汇成本核算。

难点

换汇成本核算。

第一节　接受

在进出口交易中，一方的发盘或还盘被另一方接受，合同关系即告成立。同时，为了便于履约和监督，双方通常会签订一份书面合同，作为双方交易成交的证明。

一、接受的含义

接受（acceptance）在法律上称为承诺，它是指受盘人在发盘规定的时限内，以声明或行为表示同意发盘提出的各项条件，并愿按这些条件与对方达成交易、订立合同的一种肯定的表示。可见，接受的实质是对发盘表示同意。这种同意，通常应以某种方式向发盘人表示出来。根据《联合国国际货物销售合同公约》（以下简称《公约》）规定，受盘人对发盘表示接受，既可以通过口头或书面向发盘人发表声明的方式接受，也可以通过其他实际行动来表示对发盘做出反应，缄默或不行动本身不等于接受。因为从法律角度来看，受盘人一般并不承担对发盘必须进行答复的义务。但是，如沉默或不行为与其他因素结合到一起，足以使对方确信沉默或不行

121

为是同意的一种表示,即可构成接受。假定双方有协议或按已确认的惯例与习惯做法,受盘人的缄默也可以变成接受。需要注意的是:

(1)一方的发盘经另一方接受,交易即告达成,合同即告订立,双方就应分别履行其所承担的合同义务。

(2)在实际业务中,受盘人向发盘人表示接受时一般不需重复列出双方协商一致的各项交易条件。但有时由于交易磋商延续的时间较长,双方交换的函电较多时,受盘人可在表示接受时,将双方最后商定的各项交易条件一一列出。

(3)表示接受的术语:accept,agree,confirm……

二、构成接受的条件

构成一项有效的接受,必须具备下列四项条件:

(1)接受必须由特定的受盘人作出。

对发盘表示接受,必须是发盘中所指明的特定的受盘人,而不能是其他人。由第三者作出的接受,不能视为接受,只能作为一项新的发盘。

(2)接受必须表示出来。

受盘人表示接受的两种方式:

①用声明作出表示,即用口头或书面形式向发盘人表示同意发盘。

②用做出行为来表示。例如卖方用发运货物、买方用支付价款等来表示。

A. 在用行为表示接受时,这种表示接受的方式是根据该发盘的要求或依照当事人之间确立的习惯做法或惯例而行事的,而且该行为必须在发盘明确规定的有效期之内,或在合理时间之内作出方为有效。

B. 我国在批准参加公约时对公约承认合同可以书面外形式订立的规定声明保留。因此,在实际业务中,我国外贸企业应以书面形式表示对发盘的接受。

(3)接受必须在发盘的有效期内传达到发盘人。

当发盘规定了接受的时限时,受盘人必须在发盘规定的时限内作出接受,方为有效。如发盘没有规定接受的时限,则受盘人应在合理的期限内表示接受。对何谓"合理时间",往往有不同的理解。为了避免争议,最好在发盘中明确规定接受的具体时限。

(4)接受必须与发盘相符。

根据《公约》规定,一项有效的接受必须是同意发盘所提出的交易条件,只接受发盘中的部分内容,或对发盘条件提出实质性修改,或提出有条件的接受,均不能构成接受,只能视为还盘。

公约将接受中对发盘的条件所作的更改分为:

A. 实质性变更(构成一项新的发盘)。如对货物的价格、付款、质量和数量、交货时间和地点、赔偿责任范围、解决争端的添加、限制或更改等。

B. 非实质性变更。除发盘人及时向受盘人表示反对其间的差异外,仍构成接受,合同得以成立,并且合同的条件以该项发盘的条件以及在接受中所载的变更为准。如要求提供重量单、装箱单、商检证等单据,要求增加提供装船样品或某些单据的份数,要求分两批装运等。

实质性变更只能视作还盘,不能构成接受。而非实质性变更,除非发盘人在不过分迟延的时间内表示反对其间的差异外,仍可构成接受,从而使合同得以成立。在此情况下,合同的条件就以该项发盘的条件以及接受中所提出的某些更改为准。

三、接受生效的时间

接受是一种法律行为,这种行为何时生效,各国法律有不同的规定。在接受生效的时间上,英美法和大陆法存在着严重的分歧。

在采用信件或电报等方式进行磋商时,对接受生效时间规定如下:

1.英美法:采用"投邮生效"的原则

(1)如发盘规定须作出接受的时间:当信件投邮或电报交发,接受即告生效。即使接受的函电在邮递过程中延误或遗失,也不影响合同成立。

(2)如发盘中规定接受必须于有效期内传达到发盘人,则接受的函电传达到发盘人时,接受方能生效。

2.大陆法:采用"到达生效"的原则

表示接受的函电必须在发盘有效期内到达发盘人,接受才生效。

3.公约:采用"到达生效"的原则

《公约》第18条第2款规定,接受送达发盘人时生效。如接受通知未在法判规定的时限内送达发盘人,或者发盘没有规定时限,且在合理的时间内未曾送达发盘人,则该项接受称作逾期接受(late acceptance)。各种法律规定,逾期接受不是有效的接受。由此可见,接受时间对双方当事人都很重要。

根据我国合同法,我国也采用到达生效的原则。

四、逾期接受

如果接受通知超过发盘规定的有效期限,或发盘未具体规定有效期限而超过合理时间才传达到发盘人,这就成为一项逾期接受。

《公约》对逾期接受处理的规定如下:

(1)如果发盘人于收到逾期接受后,毫不迟延地用口头或书面通知受盘人,确认其为有效,则该逾期接受仍有接受的效力;如果发盘人对逾期接受表示拒绝或不立即向受盘人发出上述通知,则该项逾期接受无效,合同不成立。

(2)一项逾期接受,从它使用的信件或其他书面文件表明,在传递正常的情况下,本可以及时送达发盘人,但由于出现传递不正常的情况而造成了延误,这种逾期接受仍可被认为是有效的,除非发盘人毫不延迟地用口头或书面形式通知受盘人,认为他的发盘已经失效。

【案例5-1】　我方某出口企业于10月1日向日商发盘称:阿托品,每100盎司一批,大连船上交货价为5美元一盎司,5日内复到有效。日商于10月7日回电表示接受,我方立即电告对方其接受有效,并着手备货。两天后,日商来电称7日电传超出发盘有效期,属无效接受,认为合同不成立。请问日商做法是否合理,为什么?

【案例分析】

《公约》规定:如果发盘人于收到逾期接受后,毫不迟延地通知受盘人,确认其为有效,则该逾期接受仍有接受的效力。本案中7日回电属逾期接受,原则上是无效接受,但我方立即电告对方其接受有效,所以逾期接受是有效的接受。所以日商来电称7日电传超出发盘有效期,属无效接受,认为合同不成立的说法是不合理的。

五、接受的撤回或修改

接受于表示同意的通知送达发盘人时生效。因此,在接受通知送达发盘人之前,受盘人可随时撤回接受,即阻止接受生效,但以撤回通知先于接受或与接受通知同时到达发盘人为限。

接受通知已送达发盘人即接受生效,合同即告成立就不得撤回接受或修改其内容,因为这无异于撤销或修改合同。

六、接受的例句

(1)"你 14 日电我接受"。

YOURS FOURTEENTH WE ACCEPT.

(2)"你 17 日电确认请告合同号码"。

YOURS SEVENTEENTH CONFIRMED PLEASE ADVISE CONTRACT NUMBER.

(3)"你方 10 日电接受绿牡丹染色府绸 40000 码木箱装每码 3.00 港元 CIF 新加坡佣金 3%5 月份交货不可撤销即期信用证支付"。

YOURS 10TH ACCEPTED GREEN PEONY DYED POPLIN 40000 YARDS IN WOODEN CASES HKD 3 PER YARD CIFC3 SINGAPORE SHIPMENT DURING MAY PAYMENT IN SIGHT IRREVOCABLE L/C.

第二节　合同

一、合同成立的时间

买卖双方经过发盘、还盘、接受的磋商环节,最终达成一致意见。根据《联合国国际货物销售合同公约》(以下简称《公约》)规定,合同生效的时间为接受生效的时间。而接受生效的时间,是以接受通知到达发盘人或按交易习惯及发盘要求做出接受的行为。由此可见,合同成立的时间有两个判断标准:一是有效接受的通知到达发盘人时,合同成立。二是受盘人作出接受行为时,合同成立。此外,在实际业务中,有时双方当事人在洽商交易时约定,合同成立的时间以订约时合同上所写的日期为准,或以收到对方确认的合同的日期为准。

二、合同的形式

在国际贸易中,订立合同的形式有三种:书面形式、口头形式、以行为表示。根据国际贸易的一般习惯做法,交易双方通过口头或来往函电磋商达成协议后,多数情况下还会签订一定格式的正式书面合同。

在外贸实践中,签定书面合同具有以下三个方面的意义:

1.合同成立的证据

合同是否成立,必须要有证明,而书面合同即可以作为合同成立的证明。

2.合同生效的条件

交易双方在发盘或接受时,如声明以签订一定格式的正式书面合同为准,则在正式签订书面合同时合同方能成立。

3.合同履行的依据

交易双方通过口头谈判或函电磋商达成交易后,把彼此磋商一致的内容集中订入一定格式的书面合同中,交易双方当事人可以此书面合同为准,作为合同履行的依据。

三、书面合同的形式

书面合同的形式包括合同(contract)、确认书(confirmation)和协议书(agreement)等。在我国对外贸易业务中,经常使用合同或确认书,合同或确认书通常一式两份,由双方合法代表分别签字后各执一份,作为合同订立的证据和履行合同的依据。售货确认书格式参见表5-1。

表 5-1 售货确认书
SALES CONFIRMATION

编号:No.205001		
买方: BUYERS:BELLAFLOR	电传/传真: TELEX/FAX:0732-306-075	日期: DATE:2013-05-09
地址: ADDRESS:	买方订单号: BUYERS ORDER:	

卖方:大连工艺品进出口公司 SELLERS:DALIAN ARTS&CRAFTS IMPORT & EXPORT CORP 地址: ADDRESS:NO.23 FUGUI STR.DALIAN,CHINA	电传/传真: TELEX/FAX:

兹经买卖双方同意,成交下列商品,订立条款如下:
The undersigned buyers and sellers have agreed to close the following transactions according to the terms and conditions stipulated below:

品名及规格 NAME OF COMMODITY & SPECIFICATION	单价 UNIT PRICE	数量 QUAN	金额及术语 AMOUNT & PRICE TERMS
CHRISTMAS GIFTS	CIFVIENNA	(SETS)	CIFVIENNA
AG-1355	USD 0.66	768	USD 506.88
AG-1409A	0.46	1600	736.00
AG-1409B	1.01	600	606.00
		TOTAL	USD 1848.88

数量及总值均允许增减 ％。
With 10 percent more or less both in the amount and quantity of the S/C allowed.
总金额：
Total Value：U. S. DOLLAR ONE THOUSAND EHGHT HUNDRED AND FORTY EIGHT AND CENTS EIGHTY EIGHT.
包装：
PACKING：IN CARTON
保险：
INSURANCE：BY SELLER, FOR THE INVOICE VALUE PLUS 10PCT, AGAINST ALL RISKS AND WAR & S. R. C. C. RISKS.
装运时间：
TIME OF SHIPMENT：JUNE. 1, 2013, PARTIAL SHIPMENT IS ALLOWED
装运港和目的港：
PORT OF LOADING & DESTINATION：ANY PORT OF CHINA TO VIENNA
付款：
PAYMENT：L/C AT SIGHT, ARRIVED THE SELLER BEFORE MAY 15TH, 2013.

一般条款：请参看本合同背面 GENERAL TERMS AND CONDITIONS：（Please see overleaf） 买方签字： THE SIGNATURE OF BUYERS	唛头： SHIPPING MARKS 卖方签字： THE SIGNATURE OF SELLERS

售货确认书与合同在法律上具有同等的作用。只是售货确认书是简式的合同,有时会省略一般交易条款。

第三节 出口成交核算

在进出口业务中,经过一系列的发盘、还盘、接受的磋商环节之后,买卖双方达成交易,签订书面合同或售货确认书,合同即告成立,外贸核算即进入成交核算环节。

一般来说,出口成交核算从内容上和过程上都与还价核算中的总利润额及利润率核算基本相同,只是在性质上有所不同而已。还价核算时,计算利润额和利润率的目的是分析客户的还价,以便根据核算的结果采取相应的对策。例如,调整公司的利润率、设法降低有关的费用支出或者争取得到更多的具有竞争力的供货价格。然而,成交核算是在交易双方达成交易之后,出口商对交易磋商的结果作一总结。因此,成交核算需要计算一笔交易可以获得的利润总额,并在此基础上得出利润率。通常采用逆算法来进行核算,核算原理为利润＝ 收入－成本－费用。核算公式为:

利润＝销售收入＋退税收入－实际成本－国内费用－出口运费－出口保险费－客户佣金

【例 5－1】 广东水产进出口公司出口大虾 17 吨,报价资料如下:

报价数量:17 公吨(计一个 20 英尺集装箱);

进货价格:每吨 5850 元人民币(含增值税 17％),出口退税 3％;

国内费用:运杂费共 1000 元,出口包装费每公吨 450 元,出口商检费共 200 元,报关费共 100 元,港区港杂费共 1000 元,其他各种费用共 1550 元;

贷款利息:贷款年利率为 8%,垫款时间 2 个月;

银行手续费:0.5%(按成交价计算);

出口运费:1700 美元;

保险:按报价的 110% 投保,保险费率 0.85%(以成交价格计算);

佣金:3%;

预期利润:10%(以成交价格计算);

汇率:6.25 元人民币兑换 1 美元;

成交价格为 CIFC3%1300 美元/公吨;

其核算原理为:成交利润＝销售收入－实际成本－各种费用。

其核算过程如下:

实际成本:5850－5850÷(1＋17%)×3%＝5700(元/公吨)

费用:国内费用＝450＋(1000＋200＋100＋1000＋1550)÷17＋5850×8%÷6＝450＋226.47＋78＝754.47(元人民币/公吨)

注:贷款利息通常按采购成本来核算。

银行手续费:1300×0.5%×6.25＝40.63(元)(注:按成交价百分比计收外汇)

客户佣金:1300×3%×6.25＝243.75(元)

出口运费:1700÷17×6.25＝625(元)

出口保险费:1300×110%×0.85%×6.25＝75.97(元)

每吨利润额＝销售收入－实际成本－(国内费用＋出口运费＋客户佣金＋银行手续费＋出口保险费)

＝销售收入－[实际成本＋国内费用＋出口运费＋(1300×3%＋1300×0.5%＋1300×110%×0.85%)×6.25]

＝1300×6.25－[(实际成本＋国内费用＋出口运费)＋1300×(3%＋0.5%＋110%×0.85%)×6.25]

＝8125－[(5700＋754.47＋625)＋1300×(3%＋0.5%＋110%×0.85%)×6.25]

＝8125－7439.81

＝685.19(元/公吨)

总利润额＝685.19×17＝11648.23(元)

利润率＝每吨利润额÷每吨销售收入＝685.19÷8125＝8.43%

根据以上资料,制作出口成交核算表,见表 5-2。

表 5-2　出口成交核算表

CIF(Cost Insurance and Freight)＝FOB＋运费＋保险费＝CFR＋保险费
利润＝CIFC3－[成本＋费用＋银行费用＋佣金＋出口运费＋保险费]
＝CIFC3－[实际成本＋费用＋(CIFC3×0.5%＋CIFC3×3%＋ CIFC3×110%×0.85%)×6.25＋625]
＝1300×6.25－5700－754.47－625－1300×(3%＋0.5%＋110%×0.85%)×6.25＝685.19 元/公吨

退税收入：$\dfrac{5850}{1+17\%}\times 3\%=150$ 元/公吨	
实际成本：$5850-150=5700$ 元/公吨	
费用：国内费用$(7650+1000+200+100+1000+1550)\div 17$ $+5850\times 8\%\times 2\div 12=754.47$ 元/公吨	
银行手续费：$1300\times 0.5\%\times 6.25$	
出口佣金：$1300\times 3\%\times 6.25$	
出口运费：$1700\times 6.25\div 17=625$ 元/公吨	
保险费用：$1300\times 110\%\times 0.85\%\times 6.25$	
利润：	

项　目	费用	项　目	费用	项　目	费用
增值税（VAT）	0.17				
出口退税率	0.03				
国内费用（如包装费等）	7650				
仓储费用	0				
国内运费	1000	商检费	200	报关费	100
港区杂费	1000	其他费用	1550		
银行贷款/年利率	0.08	预垫时间/月	2		
手续费	0.005				
海洋运费（USD）	1700				
投保金额	1.1	保险费	0.0085		
佣金率	0.03				
数量（公吨）	17				
美元汇率（X：1）	6.25				
成本	5850				
退税收入	150				
实际成本	5700				
费用（公吨）	676.47				
出口运费：	625				
CIFC3	8125				
利润	685.19				
利润率：	8.43%				

由以上例题不难看出,出口成交核算的原理十分简单,即利润等于收入减去支出。出口交易无非是两大类:货款收入(销售收入)和退税收入。而出口交易中出口商的支出则是各项费用和采购成本两块。费用计算特别注意的是出口运费的核算,要看是 20 英尺集装箱还是 40 英尺集装箱。箱型不同,海运运费和国内包干费用均不同,况且还有整箱和拼箱之分,因此需要特别仔细。在有计算时需要加以注意的是各种费用的计算方式,例如:垫款利息、银行费用、国内包干费用、出口商的定额费用等。不仅如此,注意计算币种的统一也是保证核算正确的前提。

第四节 出口盈亏核算

随着全球经济一体化,以及中国加入 WTO 后经济迅猛发展,出口商品在国际市场上的竞争将会越来越激烈,而商品是否有竞争能力,价格因素起着非常重要的作用。因此,对出口商品的价格要进行准确的核算,做到既有竞争力,同时又要具备一定的盈利水平。

一般说来,出口盈亏核算常用到出口商品盈亏率、出口商品创汇率和出口商品换汇成本。

一、出口商品盈亏率

出口商品盈亏率是指出口商品盈亏额与出口商品总成本的比率。比率为正时,表示盈利,比例为负,则意味着亏本。其中出口商品总成本包含:原料成本、生产加工费、加工损耗、管理费用、机器损耗、国内运费、税金和杂费等。由于目前大部分企业仍享有出口退税待遇,所以出口成本中应减掉这部分退税收入。即

出口商品总成本(退税后)=出口商品采购成本(含增值税)+定额费用−出口退税收入

其中:定额费用=出口商品采购进价×费用定额率(5%~10%)。定额费用一般包括生产加工费、银行利息、交通费用、管理费用和仓储费用等。

以 FOB 对外报价时:

出口商品盈亏额=出口销售人民币总收入−出口总成本

以 CFR 对外报价时:

出口商品盈亏额=出口销售人民币总收入−国际费用−出口总成本

以 CIF 对外报价时:

出口商品盈亏额=出口销售人民币总收入−国际费用−保险费−出口总成本

【例 5-2】 某服装进出口公司对外报价为每打 USD280.00 CIF NEW YORK,总计 300 打,原材料采购成本(含 17% 的增值税)为 CNY300000.00,生产加工费 CNY200000.00,加工损耗为 2%,管理费用为 10%,仓储费用为 6%,退税率为 12%,运费为每打 USD10.00,保险费为每打 USD1.00,若暂不考虑机器损耗和其他杂费,以买入价 USD1=CNY8.2(为美元的买入价),计算该出口商品盈亏率。(注意计算盈亏率的时候应首先将货币统一,将美元折成人民币)

解:

(1)出口销售人民币总收入=280.00×300×8.2=688800CNY

(2)出口销售商品总成本=300000.00+200000.00+300000.00×(2%+10%+6%)−

$$\frac{300000.00}{1+17\%}\times12\%$$

=523231CNY

(3)出口商品盈亏额＝出口销售人民币总收入－出口成本－运费－保险费

$$=688800-523231-(3000+300)\times8.2$$

$$=138509CNY$$

(4)出口商品盈亏率$=\dfrac{138509}{523231}\times100\%=26\%$

从上面的例子中可以看出,出口商品的盈利不仅与生产过程的成本有关,而且还与本币和进口国货币的比价有直接关系。

二、出口商品创汇率

成品出口创汇率是指加工后成品出口的外汇净收入与原料外汇成本的比率。如原料为国产产品,其外汇成本可按原料的 FOB 出口价计算。如原料是进口的,则按该原料的 CIF 价计算。

$$出口创汇率=\frac{成品出口外汇净收入-原料外汇成本}{原料外汇成本}\times100\%$$

【例5-3】 某公司进口原材料 FOB1000 元,经过加工后出口 CIF1700 元。假设进口和出口的运费均为 50 元,进口和出口的保险费率均为 0.1%,试求出口创汇率。

解:原料外汇成本(CIF)＝FOB＋F＋I

$$=FOB+F+CIF\times110\%\times0.1\%$$

$$=1000+50+CIF\times1.1\times0.001$$

CIF＝1051.156(元)

成品出口外汇净收入(FOB)＝CIF－F－I

$$=CIF-F-CIF\times110\%\times0.1\%$$

$$=1700-50-1.1\times1700\times0.001$$

$$=1648.13(元)$$

出口创汇率$=\dfrac{1648.13-1051.156}{1051.156}$

$$=56.8\%$$

【例5-4】 某商品出口价为 USD3000 Per M/T FOB Shanghai,每公吨成品耗用原材料 1.5 公吨,加工所用原材料当时出口价为 USD1000 FOB Shanghai。求出口创汇率。

解:

出口成品外汇净收入＝3000(美元/公吨)

原材料外汇成本＝1000×1.5＝1500(美元/公吨)

出口创汇率$=\dfrac{成品出口的外汇净收入-原料外汇成本}{原料外汇成本}\times100\%$

$$=\frac{3000-1500}{1500}\times100\%$$

$$=100\%$$

三、出口商品换汇成本

出口商品换汇成本是指通过商品出口,用多少本币可以换回一个单位外币的比率。其计算公式为:

$$换汇成本 = \frac{出口总成本（本币）}{出口商品的外汇净收入（FOB价）}$$

其中出口外汇净收入是指出口外汇总收入中扣除劳务费用等非贸易外汇后的外汇收入。

以 FOB 价格成交，成交价格即外汇净收入；

以 CIF 价格成交，则扣除国外运费和保险费等劳务费用支出后，即为外汇净收入。含佣金的价格还要去掉佣金。

出口换汇成本是以某种商品的出口总成本与出口所得的外汇净收入之比，得出用多少本币可以换回一外汇。用换汇成本核算盈亏的方法是将计算出的换汇成本与银行外汇买入价进行比较，如果计算出的换汇成本大于外汇买入价，则表示亏损，反之则意味着盈利。出口商品换汇成本较为直观，在实际业务中常被采用。

【例 5-5】 某公司以每公吨 1000 美元 CIF 价格出口商品，已知该笔业务每公吨需要支付国际运输费用 100 美元，保险费率为 0.1%，国内商品采购价格为 5000 人民币元，其他商品管理费为 500 元，试计算该笔业务的出口换汇成本。

解： 出口成本 = 采购成本 + 管理费用 = 5000 + 500 = 5500（元）

$$
\begin{aligned}
出口净收入（FOB） &= CIF - F - I \\
&= CIF - F - 110\% \times CIF \times 1\% \\
&= 1000 - 100 - 1.1 \times 1000 \times 0.001 \\
&= 898.9（美元）
\end{aligned}
$$

$$
\begin{aligned}
换汇成本 &= \frac{出口总成本（本币）}{出口商品的外汇净收入（FOB价）} \\
&= \frac{5500 元}{898.9 美元} \\
&= 6.12 人民币元/美元
\end{aligned}
$$

通过出口该商品，每换回 1 美元需用 6.12 元人民币，而外汇牌价为每买入 1 美元用 8.2 元人民币，因此每换回 1 美元可盈利：8.2 - 6.12 = 2.08 元人民币，盈利率为：$\frac{2.08}{6.12} \times 100\% = 33.99\%$。

四、出口商品盈亏核算实例分析

【例 5-6】 我国某公司出口某商品 10 万吨，国内收购价为 110 人民币元/吨，另加其他费用 5%，外销价为每公吨 14.6 美元 FOB 上海，含佣金 2%。该产品增值税率 17%，退税率 13%。银行的美元买入价为 8.27 人民币元/美元。试计算该商品的出口换汇成本和盈亏率。（要求写出计算公式及计算过程）

解：

$$
\begin{aligned}
单位商品总成本 &= 出口商品购进价 + 定额费用 - 出口退税收入 \\
&= 110 + 110 \times 5\% - 110 \times 13\% \div 1.17 \\
&= 103.28（元人民币）
\end{aligned}
$$

$$
\begin{aligned}
单位商品 FOB 净价 &= 含佣价 \times 佣金率 \\
&= 14.6 \times (100\% - 2\%) \\
&= 14.308（美元）
\end{aligned}
$$

$$出口换汇成本 = \frac{单位商品总成本}{单位商品 FOB 净价}$$

$$= \frac{103.28}{14.308}$$

$$= 7.22$$

盈亏额＝FOB 净价×银行外汇买入价－出口商品总成本

$$出口盈亏率 = \frac{出口盈亏额}{出口商品总成本}$$

$$= \frac{14.308 \times 8.27 - 103.28}{103.28}$$

$$= 14.57\%$$

【例 5－7】 上海某外贸公司业务员收到国外客户来电,客户询问 A 商品的价格及有关情况。小王立即与国内供货工厂进行了联系,确定 A 商品的国内采购价格为 68 元/只。A 商品国内增值税率为 17%,出口退税率为 13%,银行的美元买入价为 8.27 人民币元/美元。

问:假设该笔业务国内费用为国内收购额的 6%,当 FOB 上海价为多少时,盈亏率为10%?（要求写出计算公式及计算过程）

解:

商品总成本＝出口商品购进价＋定额费用－出口退税收入

$$= 68 + 68 \times 6\% - 68 \times 13\% \div 1.17$$

$$= 64.52(元人民币)$$

由于出口盈亏额 ＝ FOB 净价×银行外汇买入价－出口商品总成本

$$出口盈亏率 = \frac{出口盈亏额}{出口商品总成本}$$

故 $FOB 净价 = \dfrac{64.52 \times 10\% + 64.52}{8.27} = 8.58(美元)$

【例 5－8】 上海新龙股份有限公司向美国 CRYSTAL KOBE LTD. 的报价进行核算。报价资料:每打 CIF3% NEW YORK,共 500 打短衫。含增值税 17% 的成本是 24.88CNY/PIECE,退税率为 9%。国内费用包括运杂费 860 元人民币;商检报关费 150 元人民币;港区港杂费 600 元人民币,认证费 80 元人民币,业务费 1000 元人民币,其他费用 800 元人民币。海洋运输费为 2070 美元。海运保险,按 CIF 价格加 10% 投保中国人民保险公司海运货物保险条款中的一切险和战争险,其保险费率合计为 0.85%。客户佣金为出口报价的 3%,当时的汇率为 7.51 元人民币兑换 1 美元。当 CIFC3% 价是 48.5 美元时,请核算出口商品盈亏率和出口商品换汇成本。

解:

(1)出口销售人民币净收入＝CIFC3－运费－保险费－佣金

$$= 48.50 美元 \times 500 打 \times 7.51 元/美元 - 2070 美元 \times 7.51 元/美元 -$$

$$48.5 美元 \times 500 打 \times 7.51 元/美元 \times 110\% \times 0.85\% - 48.5 美元 \times$$

$$500 打 \times 7.51 元/美元 \times 3\%$$

$$= 182117.50 \times 0.96065 - 15545.7$$

$$= 159405.48(元)$$

（2）出口商品总成本＝购货总额＋国内费用总额－退税额

$$＝24.88×500×12＋（860＋150＋600＋80＋1000＋800）－24.88×$$

$$12×500×9\%÷1.17$$

$$＝149280＋3490－11483.08$$

$$＝141286.92（元人民币）$$

（3）出口商品盈亏额＝出口销售人民币总收入－运费－保险费－佣金－出口总成本

$$＝182117.50×（1－佣金率）－2070×7.51－48.50×7.51×500×$$

$$1.1×0.85\%－141286.92$$

$$＝182117.50×（1－3\%）－15545.57－1702.8－141286.92$$

$$＝18118.68（元人民币）$$

（4）出口商品盈亏率＝$\dfrac{出口盈亏额}{出口商品总成本}$

$$＝\dfrac{18118.68}{141286.92}×100\%$$

$$＝12.82\%$$

（5）出口商品外汇净收入（FOB）＝24250×（1－3\%）－2070－24250×110\%×0.85\%

$$＝23522.50－2070－226.74$$

$$＝21225.76（美元）$$

故出口总成本＝141286.92 元人民币

换汇成本＝$\dfrac{141286.92 \text{ 元人民币}}{21225.76 \text{ 美元}}$

$$＝6.6564 \text{ 人民币元／美元}$$

因此，上海新龙股份有限公司通过出口该商品，每换回 1 美元需用 6.654 元人民币，而外汇牌价为每买入 1 美元用 7.51 元人民币，因此每换回 1 美元可盈利：7.51－6.624＝0.8536 元人民币，盈利率为：$\dfrac{0.8536}{6.6564}×100\%＝12.82\%$。

◢ 本章小结

出口成交核算是买卖双方经过一系列讨价还价后，双方达成一致意见，确定好价格，并签订了合同后进行的核算。出口成交核算主要核算成交的利润，计算时采用的原理为利润＝收入－成本－费用。利润率和盈亏率的计算公式为：利润率＝$\dfrac{利润}{收入}$，盈亏率＝$\dfrac{利润}{成本}$，因收入大于成本，所以盈亏率大于利润率。

◢ 课后练习

1. 某公司出口商品 1000 箱，每箱人民币收购价 100 元，国内费用为收购价的 15\%，出口后每箱可退税 7 元人民币，外销价每箱 19 美元 CFR 曼谷，每箱货应付海运费 1.2 美元，计算

该商品的换汇成本。(保留两位小数)

2.出口健身椅(Sit-up Bench)1000 只,出口价:每只 16.57 美元 CIF 纽约,CIF 总价 16570 美元,其中运费 2160 美元,保险费 112 美元。进价每只人民币 117 元,共计人民币 117000 元 (含增值税 17%),费用定额率 10%,出口退税率 14%。当时银行外汇(美元)买入价为 8.32 元。试计算出口换汇成本和盈亏率。

第六章
进口报价核算

知识目标

1. 了解进口报价的构成、盈亏额以及盈亏率的含义；
2. 掌握进口保险费核算的原理；
3. 掌握关税核算的技巧；
4. 掌握消费税和增值税的相关内容。

技能目标

1. 进行进口价格换算；
2. 进行关税核算；
3. 进行增值税和消费税核算；
4. 进行滞报金、滞纳金的计算；
5. 进行盈亏额、盈亏率的核算。

重点

1. 关税核算；
2. 增值税和消费税核算；
3. 进口盈亏率核算。

难点

1. 关税核算；
2. 增值税和消费税核算；
3. 进口盈亏率核算。

　　进口商品价格核算是指外贸公司对进口商品价格、进口关税以及各项费用的核算，以确定合理的利润留成，制定正确的购货价格。其中对进口关税和各项费用的统计和计算是非常重要的。

　　进口价格核算与业务费用、海运费与出口价格的核算基本相似，但值得注意的是进口保险费计算时不需要像出口保险费计算时那样进行加成。而且进口关税核算和进口环节代征税的计算方面与出口税的计算存在着差异。进口关税的完税价格与出口关税完税价格的计算基础不同。关税税款以人民币计征，如果进口货物的价格及有关费用以外币计价的，海关按照货物使用税率之日所使用的计征汇率折合成人民币。海关除征收进口关税外，还需征收消费税和增值税以及监管手续费。另外，当纳税人晚于海关规定的期限进行报关时，海关还收取滞报金。当纳税人晚于海关规定期限缴纳应缴税金时，海关征收滞纳金。

第一节 进出口税概述

一、对外贸易税收

对外贸易税收按贸易流向可分为进口税和出口税,包括进口关税、进口商品税、出口关税、出口商品税。其中进口关税和出口关税仅对进出口的商品课征,体现对贸易商品和非贸易商品在税收上的差别待遇;进口商品税和出口商品税又称国内商品税,是对国内外商品同时课征的税,其目的是平衡国内外商品的税负。

在当今国际贸易中,世界各国都积极鼓励出口贸易,绝大多数国家都不征出口关税。我国同样对出口贸易采取鼓励政策,因此,我国的对外贸易税收主要是通过征收进口关税和国内税实行和完成的,而对出口税收则更主要地表现为出口关税的减免和出口退税。对外贸易税收和国内税收一样,也是一种再分配形式,具有强制性、无偿性的特点。

由于对外贸易税收的涉外性,因此其具有国内其他税种不可替代的作用。

首先,对外贸易税收可以保护一国在对外贸易交往中的利益。主权国家通过对外贸易税收可以获取关税优惠对等待遇,同时也可以把其作为反对贸易歧视的武器。

其次,国家可以根据国民经济发展需要,运用对外贸易税收调节进出口商品结构、品种和数量。特别是在现代市场经济中,对外贸易税收往往是贯彻本国有关进出口政策、法令和规章制度的重要工具,是国家对进出口活动进行控制与干预的主要政策手段。

最后,对外贸易税收可以增加一国的财政收入,为国家积累必要的建设资金。

二、关税

1. 关税的定义

关税是指进出口商品经过一国关境时,由政府设置的海关根据国家制定的关税税法、税则对进出口货物征收的一种税。关税手段被世界贸易组织视为透明度最高的对外贸易调节工具,因而得到世界各国的广泛使用。

2. 关税税则和税率

关税税则是国家通过立法程序公布实施,并按商品类别排列的商品分类目录及税率表,是海关征收进出口关税的依据。我国的《海关进出口税则》是《中华人民共和国进出口关税条例》的组成部分。现行的《海关进出口税则》是于1992年1月1日开始实施的,它是以国际上广泛采用的《商品名称及编码协调制度》为基础编制的,共分为21类、97章。

我国进口税则分设最惠国税率、协定税率、特惠税率和普通税率4个栏目。最惠国税率适用原产于与我国共同适用最惠国待遇条款的世贸组织成员的进口货物,或原产于与我国签订有相互给予最惠国待遇条款的双边贸易协定的国家或地区的进口货物,以及原产于我国的进口货物。

协定税率适用原产于与我国签订含有关税优惠条款的区域性贸易协定的国家或者地区的进口货物。特惠税率适用原产于与我国签订有特殊优惠关税协定的国家或地区的进口货物。普通税率适用原产于上述国家或地区以外的国家或地区的进口货物,以及原产地不明的进口货物。

我国绝大多数税目的税率使用从价税,只对少数税目实行从量税、复合税和滑动税。

关税税率是对课征对象征税时计算税额的比率。关税政策是通过关税税率具体体现和贯彻实施的,关税的经济杠杆作用也是通过不同的关税税率和关税结构来实现的。

3. 关税减免

中国的关税减免分为三种:①法定减免,指《中华人民共和国海关法》和《中华人民共和国进出口关税条例》规定给予的关税减免;②特定减免,指依照国家规定对特定地区、特定企业或特定用途的进出口货物所实行的关税减免;③临时减免,指法定减免、特定减免规定范围以外的临时减免关税。

三、进口货物国内税征税制度

根据我国现行进口货物国内税征税制度,进口商品税是指对进口货物征收增值税和消费税,其主要作用是调节国内外产品税收负担的差异,为国内外产品创造一个公平竞争的环境。

1. 征税原则

1994 年我国进行了税制改革,根据新税制的规定,我国对进口产品实行与国内产品同等征税的原则,即在增值税和消费税上按相同的税目和税率征税。

2. 征税范围和纳税人

根据《中华人民共和国增值税暂行条例》的规定,除境内销售货物或提供加工、修理修配业务外,进口货物也属于增值税征收的范围。凡在中国境内销售货物或者提供加工、修理修配以及进口货物的单位和个人,为增值税的纳税义务人。根据《中华人民共和国消费税暂行条例》的规定,我国纳入消费品征税范围的进口商品共 15 种,具体包括:烟、酒、化妆品、贵重首饰及珠宝玉石、鞭炮及焰火、成品油、摩托车、小汽车、高尔夫球及球具、高档手表、游艇、木制一次性筷子、实木地板、电池、涂料。消费税的纳税人是指在中国境内生产、委托和进口应税消费品的单位和个人。

3. 税目税率

进口产品适用的税目和税率,是确定该项产品是否征税、征收何种税、征收多少税的重要标准。根据进口产品与国内产品同等纳税的原则,一般来说,除国家另有规定外,进口产品适用的税目税率,都按照对国内征收增值税和消费税的税目税率执行。

根据《中华人民共和国增值税暂行条例》规定,增值税设基本税率、低税率和零税率三档。基本税率:纳税人销售或者进口货物、提供加工、修理修配劳务,税率为 17%。低税率:纳税人销售或者进口粮食等 19 种货物,税率为 13%。零税率:纳税人报关出口货物,税率为零。

根据《中华人民共和国消费税暂行条例》规定,消费税的税率有三种,一是比例税率,即实行从价定率征税;二是定额税率,即实行从量定额征税;三是从量定额与从价定率相结合的复合计税。

第二节 进口关税的计算

一、进口关税的分类

进口关税按征税方法可分为从价关税和从量关税。

1. 从价税

(1)从价税的含义。

从价税是按照进口商品的价格为标准计征的关税,其税率表现为货物价格的百分率。其计算公式是:

$$税额 = 商品总值 \times 从价税率$$

如中国 1997 年税则规定,税则号列 9004.1000 项下的太阳镜应征税额为其进口完税价格的 20%。从价税是以课税对象的价值或价格形式为标准,按一定比例计算征收的各种税,是依税收的计税标准进行的归类。从价关税税额的计算公式为:

$$从价关税税额 = 完税价格 \times 适用的进口关税税率$$

一般来说,依据课税对象的价格或金额从价定率计算征税,可以使税收与商品或劳务的销售额、增值额、营业额以及纳税人的收益额密切相连,能够适应价格、收入的变化,具有一定的弹性,能较为合理地参与国民收入从价税的再分配。从价税的税负轻重与征税对象的价格或金额的高低成正比变化。此外,从价税中的累进税,其税负轻重还受到征税标准的高低与征税标准所适用的税率的高低的影响。国家通过不同税率结构的设计,可以有效地实现量能纳税和公平税负,并达到各种调节目的。但从价税也有不足,实行从价税,价格提高,其税额也增加,不利于改进商品包装;确定和计算从价税的价格和金额,无论在方法上还是手续上都比较复杂,会给纳税人和税务机关增加一定的困难,容易发生纠纷。

随着商品货币经济的发展,货币税逐渐代替实物税,从价税得到了广泛的运用。中华人民共和国的大多数税种,如产品税、增值税、营业税、房产税、关税等,都属从价税。

在商品经济条件下,商品的价格不是单一的,因此如何确定计税价格,往往直接关系征纳双方的利益。从价税一般都以实际价格为计税标准。如中国的产品税规定,工业产品按产品实际销售价格计算税额;对采购的应税农产品,按实际采购价格计算纳税。在有些特殊情况下,从价税计税价格的选择还需考虑与其他有关政策的配合。例如关税,世界各国采用的征税价格标准很不一致,大体上分为到岸价格、离岸价格和法定价格三种。选择什么价格为计税依据,其既要符合国际规则,又要考虑国家的外贸政策和财政收入。

(2)优点。

①从价税的征收比较简单,对于同种商品,可以不必因其品质的不同再详加分类。

②税率明确,便于比较各国税率。

③税收负担较为公平。从价税税额随商品价格与品质的高低而增减,比较符合税收的公平原则。

④在税率不变时,税额随商品价格上涨而增加,这样既可增加财政收入,又可起到保护关税的作用。

在征收从价税时,较为复杂的问题是确定进口商品的完税价格。完税价格是指经海关审定作为计征关税的货物价格,是决定税额多少的重要因素。目前发达国家从价税多数规定以正常价格作为完税价格。所谓正常价格是指独立的买卖双方在自由竞争条件下成交的价格。若发票金额与正常价格一致,即以发票价格作为完税价格;若发票价格低于正常价格,则根据海关估定价格作为完税价格。也有的国家以 CIF 价或 FOB 价作为完税价格。中国以 CIF 价作为征收进口税的完税价格。

我国的从价税采用的计税价格大体可以分为四种类型:

第一类是实际的交易价格,可以分为含税价格和不含税价格;

第二类是关税完税价格,可以分为到岸价格、离岸价格和法定价格;

第三类是组成价格,即按照含税价格应当包含的因素组成的计税价格;

第四类是特殊价格,即税务机关为了保证税收和便于征收管理所使用的计税价格。

2.从量税

(1)从量税的含义。

从量税是按照商品的重量、数量、容量、长度和面积等计量单位为标准计征的税收。从量税额计算的公式以下:

$$税额＝商品的数量×每单位从量税$$
$$从量关税税额＝进口货物数量×适用的单位税额$$

在从量税的计量单位中,重量是较为普遍采用的计量单位,一些国家采用毛重的计量方法,一些国家采用的是净重的计量方法,或采用"以毛作净"等计量方法。

征收从量关税的特点是手续简便,可以无须审定货物的规格、品质、价格,便于计算。因单位税额固定,对质量次、价格廉的低档商品进口与高档商品征收同样的关税,使低档商品进口不利,因而对其保护作用比较大。国内价格降低时,因税额固定,税负相对增大,不利于进口,保护作用加强。为此,有的国家大量使用从量关税,尤其在广泛适用于食品、饮料和动、植物油的进口方面。例如,美国约有33％税目栏是适用从量关税的;挪威从量关税也占28％。由于发达国家的出口商品多属较高的档次,相比发展中国家需承担高得多的从量关税税负。

(2)从量税的优点。

①可以避免物价变动对税收的影响,保持税收的稳定性。

②有助于宏观部门利用税收杠杆调节资源环境和进出口。

(3)从量税的缺点。

①不能区别等级、品质及价格差异的货物,税负不合理。

②税率固定,没有弹性,税额不能随物价涨落而增减,失去市场的价格机能。

③对部分不能以数量计算的商品不能适用,如古董、字画、钟表、钻石等。

从量税通常用于限制国外质量低次的廉价商品进口。发达国家使用从量税主要针对食品、饮料、动植物油等的进口。由于发展中国家出口以初级产品为主,采用从量税就使这类产品的税负相对较重。

二、计算进口关税注意事项

进口关税的计征方法和出口关税的计征方法一样,大都采取从价计征。在计算关税时,应注意以下几点:

(1)进口税款缴纳形式为人民币。进口货物以外币计价成交的,由海关按照签发税款缴纳证之日国家外汇管理部门公布的人民币外汇牌价的买卖中间价折合人民币计征。人民币外汇牌价表未列入的外币,按国家外汇管理部门确定的汇率折合人民币计征。

(2)完税价格金额计算到元为止,元以下四舍五入。完税税额计算到分为止,分以下四舍五入。

(3)一票货物的关税税额在人民币50元以下的免税。

三、进口关税的计算

进口货物的成交价格,因有不同的成交条件而有不同的价格形式,常用的价格条款,有 FOB、CFR、CIF 三种。现根据三种常用的价格条款分别介绍进口税款的计算。我国进口商品完税价格一般以 CIF 价作为完税价格,因此,若是以 CFR 或 FOB 价作为完税价格时,需将其折算成 CIF 价。

(一)以 CIF 价格成交

成交价格即为完税价格。以 CIF 成交的进口货物,如果申报价格符合规定的"成交价格"条件,则可直接计算出税款。其计算公式为:

$$进口税税额=CIF 价×进口税税率$$

【例 6-1】 某公司从德国进口钢铁盘条 100000 千克,其成交价格为 CIF 天津新港 125000 美元,求应征关税税款是多少?已知海关填发税款缴款书之日的外汇牌价:100 美元=847.26 元人民币(买入价),100 美元=857.18 元人民币(卖出价)。

解:

(1)审核申报价格,符合"成交价格"条件,确定税率为:钢铁盘条归入税号 7310,进口关税税率为 15%。

(2)根据填发税款缴款书之日的外汇牌价,将货价折算为人民币。

$$外汇买卖中间价 100 美元=\frac{847.26+857.18}{2}=852.22 元人民币$$

即 1 美元=8.5222 元人民币

完税价格=CIF×外汇中间价=125000×8.5222=1065275 元人民币

(3)计算关税税款。

$$
\begin{aligned}
进口税税额&=完税价格×进口税税率\\
&=1065275 元人民币×15\%\\
&=159791.25 元人民币
\end{aligned}
$$

(二)FOB 和 CFR 价格成交

以 FOB 和 CFR 价格成交的进口货物,在计算税款时应先把进口货物的申报价格折算成 CIF 价,然后再按上述程序计算税款。

以 CIF 成交时,保险费=CIF 金额×保险费率,无需加成。

所以,在 CFR 改报 CIF 时,

$$CIF=CFR+保险费=CFR+CIF 金额×保险费率$$

$$CIF=\frac{CFR}{1-保险费率}$$

由 FOB 改报 CIF 时,

$$CIF=CFR÷(1-保险费率)=\frac{FOB+F}{1-保险费率}$$

故以 CFR 价格成交,完税价格的计算公式为:

$$完税价格=\frac{CFR}{1-保险费率}$$

以 FOB 价格成交,完税价格的计算公式为:

$$完税价格 = \frac{FOB+F}{1-保险费率}$$

需注意的是,进口价格核算中,保险费的计算不加成,由 CFR 推导 CIF 时,其公式为 $CIF = \frac{CFR}{1-保险费率}$,而在出口价格核算中,保险费的计算需加成,故由 CFR 推导 CIF 时,其公式为 $CIF = \frac{CFR}{1-110\% \times 保险费率}$。

【例 6-2】 我国从国外进口一批中厚钢板,共计 200000 公斤,成交价格为 FOB 伦敦 2.5 英镑/公斤,已知单位运费为 0.5 英镑,保险费率为 0.25%,求应征关税税款是多少?已知海关填发税款缴款书之日的外汇牌价:1 英镑=11.2683 人民币元(买入价);1 英镑=11.8857 人民币元(卖出价)。

解:

(1)根据填发税款缴款书之日的外汇牌价,将货价折算为人民币。

当天外汇买卖中间价=(11.2683+11.8857)元人民币÷2=11.577 元人民币

即 1 英镑=11.577 元人民币,故

$$完税价格 = \frac{FOB+运费}{1-保险费率} = \frac{2.5+0.5}{1-0.25\%} = 3.0075 \ 英镑$$

(2)计算关税税款。根据税则归类,中厚钢板是日本原产货物,适用于最惠国税率,最惠国税率为 10%。则

该批货物进口关税税款=3.0075 英镑×11.577×200000 公斤×10%=696356.55 元人民币

第三节 进口环节税

海关征收的进口环节税包含消费税和增值税。另外,海关对减税、免税和保税货物实施监督、管理所提供的服务还需征收手续费,即监管手续费。

一、消费税

根据《中华人民共和国消费税暂行条例》的规定,我国目前仅对四类货物征收消费税。

第一类:过度消费会对身体健康、社会秩序、生态环境等方面造成危害的特殊消费品,如烟、酒、鞭炮、焰火。

第二类:奢侈品等非生活必需品,如贵重首饰及珠宝玉石、化妆品。

第三类:高能耗的高档消费品,例如摩托车、小轿车。

第四类:不可再生和替代的石油类消费品,例如汽油、柴油等。

1.征税货物种类及其税率

根据最新的《消费税税目税率表》(2015 年版)的规定,烟、酒、化妆品、贵重首饰及珠宝玉石、鞭炮烟火、成品油、摩托车、小汽车、高尔夫球及球具、高档手表、游艇、木制一次性筷子、实木地板、电池、涂料等 15 类货物为消费税应税货物。该表中同时列名了各应税货物适用的税率。

2.计税价格及税额计算

(1)从价计征消费税的计算。

我国实行从价定率办法计算进口消费税,计税价格由进口货物(成本加运保费)价格(即关税完税价格)加关税税额组成。我国消费税采用价内税的计税方法,因此,计税价格组成中包括消费税税额。组成计税价格的计算公式为:

$$组成计税价格＝(关税完税价格＋关税税额)÷(1－消费税税率)$$

因为进口消费税计税价格＝关税完税价格＋关税税额＋消费税税额,又因消费税税额＝进口消费税计税价格×消费税税率,所以,进口消费税计税价格＝(关税完税价格＋关税税额)÷(1－消费税税率)。

因此,从价计征的消费税税额计算公式为:

$$应纳税额＝组成计税价格×消费税税率$$
$$＝[(关税完税价格＋关税税额)÷(1－消费税税率)]×$$
$$消费税税率$$
$$＝(CIF价＋CIF价×关税税率)÷(1－消费税税率)×$$
$$消费税税率$$

【例6-3】 某公司向海关申报进口一批小轿车,价格为FOB横滨10000000日元,运费200000日元,保险费率5‰。消费税税率8%。100000日元兑换人民币买卖中间价为8500元。

解:

$$关税完税价格:CIF＝\frac{FOB＋运费}{1－保险费率}$$
$$＝\frac{10000000＋200000}{1－5‰}$$
$$＝10251256.28141(日元)$$

折成人民币:10251256.28141×8500÷100000
$$＝871356.7839196$$
$$≈871357(元人民币)$$

进口小轿车应当归入税号8703.2314,关税税率80%;

关税税额＝完税价格×关税税率
$$＝871357元人民币×80\%$$
$$＝697085.6(元人民币)$$

消费税计税价格＝(关税完税价格＋关税税额)÷(1－消费税税率)
$$＝\frac{871357＋697085.6}{1－8\%}$$
$$＝1704828.91(元人民币)$$
$$≈1704829元人民币$$

消费税税额＝消费税计税价格×消费税税率
$$＝1704829×8\%$$
$$＝136386.32(元人民币)$$

(2)从量计征的消费税税额计算。

从量计征的消费应税货物有黄酒、啤酒、汽油、柴油等,实行定额征收。黄酒每吨人民币240元,啤酒每吨人民币250元(甲类)或220元(乙类),汽油每升1.52元,柴油每升1.2元。

从量计征的消费税税额计算公式为:

$$应纳税额＝单位税额×进口数量$$

按从量税计征消费税的货品计量单位的换算标准是:

啤酒1吨＝988升　黄酒1吨＝962升　汽油1吨＝1388升　柴油1吨＝1176升

【例6-4】 某公司进口1000箱啤酒,每箱24听,每听净重335mL,价格为CIFUS\$10000,100美元兑换人民币824元。关税普通税率7.5元/升,消费税税率220元/吨。试计算消费税税额。

进口啤酒数量:335×1000×24÷1000＝8040(升)＝8.1377(吨)

关税税额:7.5×8040＝60300(元)

消费税税额:220×8.1377＝1790.29(元人民币)

二、增值税

我国的增值税应税货物全部从价定率计征,其基本税率为17%,但对于一些关系到国计民生的重要物资,其增值税税率较低,为13%。

下列各类货物增值税税率为13%:

(1)粮食、食用植物油;

(2)自来水、暖气、冷气、热水、煤气、石油液化气、天然气、沼气、居民用煤炭制品;

(3)图书、报纸、杂志;

(4)饲料、化肥、农药、农机、农膜;

(5)国务院规定的其他货物。

按照《中华人民共和国增值税暂行条例》的规定,增值税由税务机关征收,进口货物的增值税由海关征收。纳税人出口货物,税率为零。个人携带或者邮寄进境自用物品的增值税,连同关税一并计征。组成计税价格计算公式为:

$$组成计税价格＝关税完税价格＋关税税额＋消费税税额$$

增值税税额计算公式为:

$$应纳税额＝组成计税价格×增值税税率$$

【例6-5】 某外贸公司代某手表厂进口瑞士产数控铣床一台,FOB Antwerp SFR223343,运费RMB42240,保险费率0.3%,填发海关代征税缴款书之日瑞士法郎对人民币外汇市场买卖中间价为SFR100＝RMB387.055。消费税税率为17%,增值税税率为17%,求应征增值税税额。

解:

FOB人民币价＝223343×387.055÷100

＝864460.24865(元)

$$关税完税价格CIF价＝\frac{FOB＋运费}{1－保险费率}$$

$$＝\frac{864460.24865＋42240}{1－0.3\%}$$

$$=909428.5342528(元)$$
$$\approx909429(元)$$

数控铣床应归入税则税号 8459.6100,税率为 15%。则

应征关税税额＝关税完税价格×关税税率
$$=909429\times15\%$$
$$=136414.35(元)$$

消费税税额＝(关税完税价格＋关税税额)÷(1－消费税税率)×消费税税率
$$=(909429+136414.35)\div(1-17\%)\times17\%$$
$$=214208.87(元)$$

增值税组成计税价格＝关税完税价格＋关税税额＋消费税税额
$$=909429+136414.35+214208.87$$
$$=1260052(元)$$

应征增值税税额＝增值税计税价格×增值税税率
$$=1260052\times17\%$$
$$=214208.87(元)$$

需注意的是,因消费税和增值税的计征基础相同,都是关税完税价格、关税税额、消费税税额之和,所以在二者税率相同时,应征税额相同。

第四节　海关行政罚款

一、滞报金

(一)滞报金的含义和计算

滞报金是由于进口货物收货人或其代理人超过法定期限向海关报关而产生的一种行政罚款。

如果进口货物及收货人或其代理人对海关征收滞报金的决定不服,可以向作出决定的海关提出,但必须先交纳滞报金。

滞报金的起征日期为运输工具申报进境之日起第十五日;邮运进口货物的滞报金起征日期自邮政企业向海关驻邮局办事机构申报总包之日起的第十五日;转关运输货物滞报金起收日期为运输工具申报进境之日起第十五日和货物运抵指运地之日起第十五日,分别由进境地海关和指运地海关征收。

根据《中华人民共和国海关法》的有关规定,进口货物自运输工具申报进境之日起十四日内,应当向海关申报。超期未报的,从第十五天开始海关所征收的延期未报罚金称为滞报金,日征收金额为进口价格的 0.05%,起征点为人民币 50 元,不足 50 元的免收。申报期限的最后一天是法定节假日或休息日的,顺延至法定节假日或休息日后的第一个工作日。滞报金的征收金额按规定以进口货物完税价的 0.05% 征收,其计算公式为:

应征滞报金金额＝进口货物完税价格×0.05%×滞报天数

应征滞报金金额＝CIF 价×0.05%×滞报天数

【例 6-6】　某公司进口一批货物,3 月 1 日(星期二)货物进境,25 日申报提货,19 日、20

日为双休日,滞报天数是几天?

解: 申报期限:3月1日+14日=3月15日

滞报天数:3月25日-3月15日=10天

【例6-7】 某公司从德国进口某货50公吨,完税价格为CIF400美元/公吨,如果运输工具于2012年4月29日(星期一)申报进口,该公司于2012年5月20日(星期一)办理报关申报,问海关应该征收的滞报金是多少?(外汇牌价为1美元=8.2元)

解: 申报期限:4月29日+14天=5月13日

滞报天数:5月20号-5月13号=7天

完税价格=400×50×8.2=164000(元)

滞报金金额=164000×7×0.5‰=574(元)

(二)滞报金的减免规定

有下列情形之一的,进口货物收货人可以向海关申请减免滞报金:

(1)政府主管部门有关贸易管理规定变更,要求收货人补充办理有关手续或者政府主管部门延迟签发许可证件,导致进口货物产生滞报的。

(2)产生滞报的进口货物属于政府间或国际组织无偿授助和捐赠用于救灾、社会公益福利等方面的进口物资或其他特殊货物的。

(3)因不抗力导致收货人无法在规定期限内申报,从而产生滞报的。

(4)因海关及相关执法部门工作原因致使收货人无法在规定期限内申报,从而产生滞报的。

(5)其他特殊情况经海关批准的。

有下列情形之一的,海关不予征收滞报金:

(1)收货人在运输工具申报进境之日起超过三个月未向海关申报,进口货物被依法变卖处理,余款按《中华人民共和国海关法》第三十条规定上缴国库的。

(2)进口货物收货人在申报期限内,按《中华人民共和国海关法》有关规定向海关提供担保,并在担保期限内办理有关进口手续的。

(3)进口货物收货人申报并经海关依法审核,必须撤销原电子数据报关单重新申报,因删单重报产生滞报的。

(4)进口货物经海关批准直接退运的。

(5)进口货物应收滞报金金额不满人民币50元的。

二、滞纳金

滞纳金按照《中华人民共和国海关法》和《中华人民共和国进出口关税条例》的规定:进出口货物的纳税义务人,应自海关填发税款缴款书之日起15日内缴纳税款;逾期缴纳的,由海关征收滞纳金。对于应纳关税的单位和个人,因规定的期限内未向海关缴纳依法应交纳的税款,海关依法在原税款的基础上,从第十六日起至缴清税款之日止,按照日加收滞纳税款的0.05%的滞纳金。期末遇节假日的,顺延至第一个工作日。滞纳金的起征额为50元,滞纳金按进口关税、进口消费税和增值税分别计算,再三者相加,其计算公式为:

应征滞纳金金额=滞纳应征税税额×0.05%×滞纳天数

=进口关税税额×0.05%×滞纳天数+进口消费税税额×0.05%×滞纳天数+进口增值税税额×0.05%×滞纳天数

【例 6-8】 境内某公司从日本进口电焊机一批,已知该批货物应征关税税额人民币 15000 元,进口消费税税额为 30000 元,进口增值税额为人民币 30000 元,海关于 2007 年 4 月 16 日(星期一)填发海关专用缴款书,该公司于 2007 年 5 月 10 日缴纳税款,试计算应缴的税款滞纳金。

解:

4 月 16 日+15 日=5 月 1 日,即说明 5 月 1 日是期限的最后一天,根据政策,期末遇节假日顺延至 5 月 8 日(此处五一节按七天计),则滞纳 2 天。

应征滞纳金金额=滞纳应征税税额×0.05%×滞纳天数

=(应征关税税额×0.05%×滞纳天数+消费税税额×0.05%×滞纳天数+增值税税额×0.05%×滞纳天数)

=(15000 元×0.05%×2 天+30000 元×0.05%×2 天+30000 元×0.05%×2 天)

=75(元)

【例 6-9】 某公司进口一批货物,2 月 4 日(星期五)海关填发专用缴款书,2 月 9 日至 15 日为春节假期,公司于 2 月 21 日交纳税款,问滞纳天数是几天?

解:2 月 4 日+15 日=2 月 19 日,2 月 21 日-2 月 19 日=2 天

三、滞报金和滞纳金的比较

滞报金和滞纳金的比较见表 6-1。

滞报金和滞纳金在概念上和计算时间上很容易发生混淆,现比较如下:

(1)都是从“次日”开始计算(从申报进境之日起,说得是从申报进境这一天的第二天开始计算):滞报金是运输工具申报进境日的次日开始,滞纳金是开具税单日的次日开始;都是要先推 14 天再看第 15 天是否为节假日,但这第 15 天的意义却不一样,滞报金的这一天是理论上的“起征日”,而滞纳金的这一天是缴款有效期的最后一天,并非起征日。

(2)都是 0.5‰征收率。

(3)都是 50 元起征,即如果算出的滞报金或滞纳金小于 50 元,则免予收取。

(4)都有一个遇到节假日问题,但规定不同,见以下第(6)条。

(5)滞报金是 14 天的申报期限,而滞纳金是 15 天的期限。

(6)滞报金是无条件扣除前面 14 天(自运输工具申报进境的次日起开始扣掉 14 天,不论第 14 天是否为节假日),再无条件看起征日即第 15 天是否是节假日,如是则起征日顺延;而滞纳金是扣除前面的 14 天有效期限后,再看最后一天有效期即第 15 天是否是节假日,而不是看起征日是否为节假日。

(7)滞报金是去除小数点后面的金额,只取整数;而滞纳金是四舍五入到小数点后 2 位,精确到“分”。

表 6-1 滞报金和滞纳金的比较

名称	计算期限	报缴期限届满日	起始日期	截止日期	缴款凭证	计算尾数	起征额度	计算方法
滞报金	自运输工具进境之日起 14 日内	不顺延	最后一日为法定节假日顺延至其后第一个工作日	自运输工具进境之日起 3 个月（14 日在 3 个月内），逾期未报货物提取变卖处理	海关行政专用票据	计算到元,小数点以后直接舍去（如:计算金额为 58.99 元,则实际缴纳 58.00 元）	50 元（如:计算金额为 49.99 元,则实际额度为 0 元）	0.5‰（完税价格起征点）
滞纳金	自海关填发专用缴款书日起 15 日内	遇周末及法定节假日顺延（税款缴纳截止日）	不顺延	实际缴纳税款日	海关专用缴款书	四舍五入至分（如:计算金额为 58.986 元,则实际缴纳 58.99 元）	50 元（如:计算金额为 49.99 元,则实际额度为 0 元）	0.5‰（应征税额起征点）

注:1.完税价格及所有税款均四舍五入到分。
2.滞纳金、滞报金的起征额度均为 50 元,不足 50 元的不予征收,是法定减免。
3.计算方法中,滞纳金征收时,应当将关税、增值税、消费税分别计征滞纳金,并且分别计算。
4.滞报金=完税价格×0.5‰×滞报天数

第五节 进口商品盈亏核算

进口交易结束后,进口商一般要对此笔生意进行盈亏核算。进行盈亏核算时,所用指标有进口商品盈亏额和进口商品盈亏率。

进口盈亏额是指进口销售总收入与进口总成本之差,它反映一笔生意收入的多少。进口商品盈亏率是指进口盈亏额和进口总成本之间的比率,反映一笔生意所得盈余占投入成本的比率,它相对反映收益的高低。进口盈亏率和进口盈亏额的计算公式为:

$$进口盈亏率 = \frac{进口盈亏额}{进口总成本}$$

$$进口盈亏额 = 进口销售收入 - 进口总成本$$

盈亏额大于 1,表示赚钱;盈亏额小于 1,表示亏损。盈亏比率越高,收益越多;盈亏额越低,收益则越少。

【例 6-10】 我国某外贸公司进口面料,共 800 码,进口价格为每码 6 美元 CIF 上海,进口税为 12%,其他国内费用以人民币计为:报关费为 200 元人民币,货物检验费 150 元人民币,国内运费 300 元人民币,杂费 100 元人民币,进口面料经国内加工后成衣出口总计可获净收入为 7000 美元,若当时中国银行的外汇牌价为:USD1=CNY8.20,则该批进口商品的盈亏率为多少?

解：进口总成本＝进口原料价格 ＋ 各种费用

$$＝总数量×单价＋进口税＋各项费用之和$$

$$＝800×6×(1＋12\%)＋\frac{200＋150＋300＋100}{8.2}$$

$$＝5376 ＋ 91.46$$

$$＝5467.46(美元)$$

又进口销售收入＝7000 美元,则

进口盈亏额＝进口销售收入－进口总成本

$$＝ 7000－5467.46$$

$$＝ 1532.54(美元)$$

$$进口盈亏率＝\frac{进口盈亏额}{进口总成本}$$

$$＝\frac{1532.54}{5467.46}$$

$$＝ 28.03\%$$

本章小结

进口价格核算与出口价格核算不同之处是关税的核算、保险费的核算。另外,进口还涉及滞纳金、滞报金等费用的问题。本章着重对进口关税、增值税和消费税的计算进行了讲解。注意进口关税的完税价格是按 CIF 价计算的。增值税和消费税的计价基础相同,都是按"完税价(即 CIF 价)＋进口关税－消费税"来计算的。

课后练习

1. 上海某公司从德国购进一批轿车,成交价格共 FOB 100000.00 美元,另付港商佣金 FOB 3%(非买方佣金),运费 6000.00 美元,保险费率 3‰,经查该汽车的税则号列应归 8703.2314,适用税率为 50%,要求计算进口关税(外汇中间价折合率 1 美元＝人民币 8.27 元)。

2. 某进出口公司从日本进口硫酸镁 1000 吨,进口申报价格 FOB 横滨 USD500000,运费总价为 USD10000,保险费率 3‰,当时的外汇牌价为 US＄100＝￥827。经查,硫酸镁的税则号列为 2833.2100,税率为 10%,计算应纳关税税额。

3. 某单位委托香港某公司从英国进口柚木木材,运费计人民币 44200 元,保险费率 3‰,佣金(非购货佣金)为到岸价格(香港)的 3%,进口申报价格为到岸价格香港 US＄580000,当时的外汇牌价为 US＄100＝￥827。经查,柚木木材的税则号列为 4407.2910,税率 9%,计算应纳关税税额。

4. 某进口货物成交价格为每公斤 FOB 首尔 100 美元,总运费为 5500 美元,净重 1000 公斤,保险费率为 3‰,汇率为 1 美元＝8.27 人民币元,关税税率为 15%。请分别计算关税完税价格和关税税额。

5. 某出口货物成交价格为总价 CIF 新加坡 30000 美元,运费总价为 800 美元,净重 100 公斤,毛重 110 公斤,保险费率 3‰,汇率为 1 美元＝8.27 人民币元,关税税率为 10%。请分别计算关税完税价格和关税税额。

6. 上海某汽车贸易公司从日本进口汽车一辆,成交价格 CIF 上海 2000000 日元/台,且经上海海关审定。查该汽车的适用关税税率为 50%,增值税率为 17%,消费税率为 10%,外汇牌价为 100 日元＝6.8531 元人民币。请计算应纳进口关税税额、应纳进口环节消费税税额。

7. 某贸易公司从日本进口了 1000 箱啤酒,规格为 24 支×330 毫升/箱,申报价格为 FOB 神户 USD10/箱,发票列明:运费为 USD5000,保险费率为 0.3%,经海关审查属实。该啤酒的最惠国税率为 3.5 元/升,消费税税额为 220 元/吨(1 吨＝988 升),增值税税率为 17%,外汇牌价为 100 美元＝827 元人民币。求该批啤酒的应纳关税、消费税和增值税税额。

参考答案

第一章　商品的价格

一、单选题

1. C　2. C　3. D　4. B　5. C　6. C　7. A　8. A　9. C　10. C

二、多选题

1. BCD　2. CDE　3. A　4. ABCDE　5. A　6. AB　7. ABC　8. CD　9. DE　10. BD

三、判断题

1. 对　2. 错　3. 对　4. 错　5. 错　6. 对　7. 错　8. 对　9. 对　10. 错　11. 对　12. 对　13. 对　14. 对　15. 错

四、计算题

1. 解：(1) M：$0.45 \times 0.40 \times 0.25 = 0.045 (m^3)$

$W：\dfrac{35}{1000} = 0.035 M/T$

(2) $F = F_b + \sum S = Q \times f(1 + S_1 + S_2)$

$= 0.045 \times 120 \times (1 + 20\% + 10\%) = 7.02 USD$

(3) $FOB = CFR - F = 35 - 7.02 = 27.98 USD$

该公司应报每箱 27.98 USD FOB ×× 港。

2. 解：$CIF = \dfrac{CFR}{[1 - (1 + 投保加成率) \times 保险费率]}$

$= \dfrac{2 \times 3000}{(1 - 110\% \times 0.8\%)} = 6053 (美元)$

保险费 $= 6053 - 6000 = 53$ (美元)

故我方投保时应缴纳保险费为 53 美元。

第二章　出口价格构成

1. 解：每单位的实际成本 = 含税的采购成本 × $\left(1 - \dfrac{出口退税率}{1 + 增值税率}\right)$

$= 28 \times [1 - 13\% \times (1 + 17\%)]$

$= 24.89 (元人民币)$

2. 解：总体积为 $40cm \times 20cm \times 20cm \times 1000$ 箱 $\div 1000000 = 16$ 立方米

总重量为 17.5 千克 × 1000 箱 = 17500 千克 = 17.5 公吨

20' 集装箱的有效容积为 25 立方米，限重 17.5 公吨，所以刚好装一个 20 英尺整箱，故运费按包厢费计算。

1000USD×（1+30%）＝1030 USD

3.解:总运费＝基本运费×（1+燃油附加费）

     ＝（USD1750.00＋ USD150）×2×（1+10%）

     ＝ USD4180.00

4.解:总体积＝长 47cm×宽 30cm×高 20cm×100 箱÷1000000

    ＝2.82 立方米

运费＝每运费吨×总体积×（1+附加费率之和）

  ＝HK＄367×2.82 立方米×（1+33%+5%+15%）

  ＝HK＄1583.46

5.解:CFR 净价＝含佣价×（1−佣金率）

     ＝50×（1−3%）

     ＝48.5USD

尺码吨为:$42×28×25×1000=29.4>20$ 吨

因为海运运费按 W/M 计收,所以

运费＝ $29.4×70×（1+20\%）=2469.6$USD

FOB＝CFR−F＝48.5−2.4696＝46.0304USD

而含佣价$=\dfrac{净价}{1-佣金率}$

故 FOBC5%$=\dfrac{46.0304}{(1-5\%)}=48.45$USD

6.解：(1)按普通运价使用规则计算：

Volume:$128cm×42cm×36cm×4=774114cm^3$

Volume Weight:$774114cm^3÷6000cm^3/kg=129.024kg=129.5kg$

Gross Weight:$47.8×4=191.2kg$

Chargeable Weight:191.5kg

由于计费重量没有满足指定商品代码 0008 的最低重量要求 300 公斤,因此只能先用普通货来算。

Applicable Rate:GCR 0008/Q45 28.13 CNY/kg

Weight Charge：$191.5×28.13=CNY5386.90$

(2)按指定商品运价使用规则计算：

Actual Gross Weight：191.2kg

Chargeable Weight:300.0kg

Applicable Rate:SCR 0008/Q300 18.80 CNY/kg

Weight Charge：$300.0×18.80=CNY5640.00$

对比(1)与(2),取运费较低者。

故 Weight Charge:CNY5386.90

航空货运单运费计算栏填制如下：

No. of Pieces RCP	Gross Weight	Kg Lb	Rate Class	Commodity Item No.	Chargeable Weight	Rate/ Charge	Total	Nature and Quantity of Goods
4	191.2	K	Q		191.5	28.13	5386.90	FRESH ORANGE 128cm×42cm×36cm×4

注意:在使用指定商品运价计算运费时,如果其指定商品运价直接使用的条件不能满足(例如,货物的计费重量没有达到指定商品运价使用的最低重量要求),使得按指定商品运价计算的运费高于按普通货物运价计算的运费时,则按低者收取航空运费。

7. 解:

(1)查询北京口岸国际航空货运标准运价(FROM BEIJING TO)。

(2)按 W/M 计算。

Volume:61cm×51cm×42cm=130662cm³

Volume Weight:130662cm³÷6000 cm³/kg

$$=21.78kg$$

$$=22.0kg$$

Gross Weight:32.0kg

(3)按 W/M 计费标准和计算原则,可得:

Chargeable Weight:32.0kg

Applicable Rate:S 200% of the Normal GCR

$$200\%×79.97CNY/kg=159.94CNY/kg$$

Weight Charge:32.0×159.94=CNY 5118.08

(4)航空货运单的有关填制内容。

No. of Pieces RCP	Gross Weight	Kg Lb	Rate Class	Commodity Item No.	Chargeable Weight	Rate/ Charge	Total	Nature and Quantity of Goods
1	32	K	S	N200	32.0	159.94	5118.08	Gold Watch 61cm× 51cm×42cm

8. 解:最高赔偿保险金额=发票金额×(1+投保加成)

$$=20.75×110\%=22.825(万美元)$$

保险费=保险金额×保险费率

$$=22.825×0.6\%$$

$$=1369.5(万美元)$$

9. 解:保险金额=发票金额×(1+投保加成)

$$=50×10000×110\%$$

$$=550000(美元)$$

保险费=保险金额×保险费率

$$=550000×(0.7\%+0.3\%+0.2\%)$$

$$=6600(美元)$$

10. 解：$CIF = \dfrac{CFR}{1-(1+投保加成率)\times 保险费率}$

$\qquad = \dfrac{100000}{1-(1+20\%)\times(0.6\%+0.03\%)}$

$\qquad = \dfrac{100000}{0.99244}$

$\qquad = 100761.76(美元)$

保险费 $= CIF - CFR = 100761.76 - 100000 = 761.76(美元)$

11. 解：保险费 = 保险金额 × 保险费率 = CIF × (1+投保加成率) × 保险费率

$\qquad = 10000 \times (1+10\%) \times 1\%$

$\qquad = 110(美元)$

12. 解：$CIF = \dfrac{FOB+国外运费}{1-(1+投保加成率)\times 保险费率}$

$\qquad = \dfrac{1200+130}{1-(1+10\%)\times 1\%}$

$\qquad = 1344.80(美元)$

13. 解：$CIF = \dfrac{CFR}{1-保险费率\times(1+投保加成率)}$

$\qquad = \dfrac{99450}{1-0.5\%\times 1.1}$

$\qquad = 100000(美元)$

$I = CIF - CFR = 100000 - 99450 = 550(美元)$

或 $I = CIF \times 保险费率 \times (1+投保加成率)$

$\qquad = 100000 \times 0.5\% \times 1.1$

$\qquad = 550(美元)$

14. 解：$FOBC5\% = \dfrac{FOB 净价}{1-佣金率}$

$\qquad = \dfrac{200}{1-5\%}$

$\qquad = 210.52(美元)$

15. 解：总收入 = 单价 × 件数

原报价 × 原件数 = 新报价 × (1-折扣率) × 新件数

即 $200 \times 1000 = 新报价 \times (1-5\%) \times 1500$

新报价 $= 140.35(美元/件)$

16. 解：出口完税价格 = (CIF - 保险费 - 运费) ÷ (1+出口关税税率)

$\qquad = (8200-60-1200) \div (1+10\%)$

$\qquad = 6309(元人民币)$

关税税额 = 出口完税价格 × 出口关税税率

$\qquad = 6309 \times 10\%$

$\qquad = 630.9(元人民币)$

17.解:

业务费用＝360＋2×480＋650＋100＋750＋50＋200＝3070(元)

管理费用＝(234×480＋3070)×3‰＝3461.7(元)

国内费用＝业务费用＋管理费用

$$＝3070＋3461.7$$

$$＝6531.7(元)$$

第三章　出口报价核算

一、判断题

1.错　2.对　3.错　4.错　5.错

二、选择题

1.D　2.A　3.D　4.A　5.A

三、简答题

1.影响商品成交价格的因素有:商品的质量和档次;运输距离的远近;交货地点和交货条件;季节性需求的变化;成交数量的大小;支付条件和汇率变动的风险。此外,交货期的远近、运输条件、佣金多少、支付货币、关税征收、市场销售习惯和消费者的爱好等因素,对确定价格也有不同程度的影响。

2.在合同中规定固定价格是一种常规做法。它具有明确、具体、肯定和便于核算的优点。其缺点是由于市场行情瞬息万变,价格涨落不定,规定固定价格,就意味着买卖双方要承担从订约到交货付款以至转售时价格变动的风险。而且,如果行市变动过于剧烈,这种做法还可能影响合同的顺利执行。一些不守信用的商人很可能为逃避亏损,而寻找各种借口撕毁合同。

3.佣金可用文字表示。例如,每打100英镑CIF伦敦包含佣金2‰,即£100 per doz. CIF London including 2‰ commission。也可以在贸易术语后面加注"佣金"的英文缩写字母"C"并注明佣金的百分比表示。例如,每打100英镑CIFC2‰伦敦,即£100 per doz. CIFC2‰ London。

4.一般用文字作具体表示。例如,每公吨300美元FOB上海,减2‰折扣,即USD300 per metricton FOB Shanghai less discount 2‰;也有不用百分率而用具体金额表示的,如"减2英镑"(less discount 2)。折扣有时也用在价格术语后加注折扣的英文缩写"R"或"D"来表示。如上例表示为,USD300 per metricton FOBR 2‰ Shanghai。

四、技能训练

1.分析题

(1)错误。可更正为"每码3.50元CIF香港"或"每码3.50元CIFC2‰香港"。

(2)错误。可更正为"每箱500英镑CFR伦敦"。

(3)错误。可更正为"每公吨1000美元CIF伦敦"。

(4)错误。可更正为"每打100法国法郎FOB天津,减1‰折扣"。

(5)错误。可更正为"每打2000日元FOB上海,包含佣金2‰"。

2.案例题

本案例合同中的价格条款不够明确。它属于非固定价格的定价方法。虽然规定了定价时间,但没有明确规定定价方法,因此容易引起争议。对此争议,当事人双方可以通过协商,补充上定价的方法。如"按提单日期的国际市场价格计算"等。

3.实训题

(1)解:CIF 价格 $= \dfrac{CFR\ 价格}{1-保险费率\times投保加成}$

$= \dfrac{1000}{1-0.85\%\times110\%}$

$=1009.4(美元)$

含佣价 $= \dfrac{净价}{1-佣金率}$

$= \dfrac{1009.4}{1-5\%}$

$=1062.5(美元)$

因此,我方应报 CIFC5% 曼谷价为 1062.5 美元。

(2)解:卖方净收入 = 原价 - 折扣额

= 原价 - 原价 × 折扣率

$=520-520\times2\%$

$=509.6(美元)$

因此,我方扣除折扣的净收入是 509.6 美元。

第四章　出口还价核算

解:(1)核算过程如下:

每吨外汇收入 = 报价 = 1290(美元)

实际成本 $=5850-5850\div(1+17\%)\times3\%=5700(元/公吨)$

国内费用 $=(1000+200+100+1000+1550)\div17+450+5850\times8\%\times2\div12$

$=676.47+78$

$=754.47(元人民币/公吨)$

注:贷款利息通常按采购成本来核算,包装费是每公吨 450 元,而其他国内费用为总费用。

银行手续费 = 报价 × 0.5%(注:按成交价百分比计收外汇)

$=1290\times0.5\%$

$=6.45(美元)$

客户佣金 = 报价 × 3% = 1290 × 3% = 38.7(美元)

出口运费 $=1700\div17=100(美元)$

出口保险费 = 报价 × 110% × 0.85% = 1290 × 110% × 0.85% = 12.0615(美元)

利润额 = 收入 - 实际成本 - 国内费用 - 银行手续费 - 客户佣金 - 出口运费 - 出口保险费

= 1290 美元 - 5700 元 - 754.47 元 - 6.45 美元 - 38.7 美元 - 100 美元 - 12.0615 美元

= 1132.79 美元 × 6.25 - 6454.47 元

= 625.46 元

(2)核算过程如下：

每公吨外汇收入＝报价＝1290(美元)

实际成本＝国内采购价－国内采购价÷(1＋17％)×3％

国内费用＝(1000＋200＋100＋1000＋1550)÷17＋450＋5850×8％×2÷12

　　　　＝676.47＋78

　　　　＝754.47(元人民币/公吨)

注：贷款利息通常按采购成本来核算。

银行手续费＝报价×0.5％(注：按成交价百分比计收外汇)

　　　　　＝1290×0.5％

　　　　　＝6.45(美元)

客户佣金＝报价×3％＝1290×3％＝38.7(美元)

出口运费＝1700÷17＝100(美元)

出口保险费＝报价×110％×0.85％＝1290×110％×0.85％＝12.0615(美元)

利润额＝报价×10％＝1290×10％＝129(美元)

实际成本＝收入－国内费用－银行手续费－客户佣金－出口运费－出口保险费－利润额

　　　　＝1290美元 －754.47元－6.45美元－38.7美元－100美元－12.0615美元－

　　　　　129美元

　　　　＝1003.79美元×6.25－754.47元

　　　　＝5519.21元

因为 实际成本＝国内采购价－国内采购价÷(1＋17％)×3％

所以 5519.21＝国内采购价－国内采购价÷(1＋17％)×3％

故 国内采购价＝5664.45(元)

因此，如果外贸公司10％的销售利润不变，国内采购价降价为5664.45元。

第五章　　出口成交核算

1.解：每箱货物出口总成本＝100×(1＋15％)－7＝108(元人民币)

每箱货物出口销售外汇净收入 ＝19－1.2＝17.8(美元)

换汇成本 ＝$\dfrac{108}{17.80}$＝6.07(元人民币/美元)

2.解：货物出口总成本＝购货总成本＋定额费用－退税额

　　　　　　　　　　＝117000 ＋117000×10％－(117000÷(1＋17％)×14％)

　　　　　　　　　　＝114700(元)

出口商品外汇净收入＝CIF外汇收入－运费－保险费

　　　　　　　　　＝ USD16570 － USD2160 － USD112

　　　　　　　　　＝ USD14298

健身椅换汇成本＝$\dfrac{出口总成本(本币)}{出口商品的外汇净收入(FOB价)}$

　　　　　　　＝$\dfrac{114700}{USD14298}$

$$=8.02（元）$$

$$出口盈亏率=\frac{出口盈亏额}{出口总成本}$$

$$=\frac{出口销售人民币净收入-出口总成本}{出口总成本}\times100\%$$

$$=(14298\times8.32-114700)\div114700\times100\%$$

$$=3.71\%$$

第六章 进口报价核算

1.解：完税价格$=(\frac{100000.00+6000.00}{1-0.3\%}+100000.00\times3\%)\times8.27$

$$=904067.77（元）$$

应征关税税额=完税价格×关税税率

$$=904067.77\times50\%$$

$$=452033.89（元）$$

2.解：完税价格$=\frac{500000+10000}{1-0.3\%}\times8.27$

$$=4230391.17（元）$$

关税额$=4230391.17\times10\%$

$$=423039.12（元）$$

3.解：完税价格=CIF价+佣金价

$$=580000\times8.27\times(1+3\%)$$

$$=4940498（元）$$

关税税额=完税价格×关税税率

$$=4940498\times9\%$$

$$=444644.82（元）$$

4.解：完税价格$=\frac{100\times1000+5500}{1-0.3\%}\times8.27$

$$=875110.33（元）$$

关税税额$=875110.33\times15\%$

$$=131266.55（元）$$

5.解：完税价格$=26463.6364（美元）$

$$=218854（元）$$

关税税额$=218854\times10\%$

$$=21885.4（元）$$

6.解：关税税额=完税价格×关税税率

$$=2000000\times50\%\times0.068531$

$$=68531（元）$$

消费税额$=\frac{完税价格+关税税额}{1-消费税率}\times消费税率$

$$= \frac{137062 + 68531}{1 - 10\%} \times 10\%$$

$$= 22843.67(元)$$

7.解：①关税税额＝货物数量×单位税额

$$= \frac{1000 \times 24 \times 330}{1000} \times 3.5$$

$$= 27720(元)$$

②应征消费税税额＝进口货物数量×消费税从量税率

$$= \frac{\dfrac{1000 \times 24 \times 330}{1000}}{988} \times 220$$

$$= 1763.56(元)$$

③完税价格 $= \dfrac{FOB + F}{1 - 保险费率}$

$$= \frac{(10000 + 5000) \times 8.27}{1 - 0.3\%}$$

$$= 124423.27(元)$$

增值税组成计税价格＝完税价格＋关税税额＋消费税税额

$$= 124423.27 + 27720 + 1763.56$$

$$= 153906.83(元)$$

增值税税额＝增值税组成计税价格×增值税税率

$$= 153906.83 \times 17\%$$

$$= 26164.16(元)$$

参考文献

[1]陈岩,刘玲.国际贸易实务[M].北京:对外经济贸易大学出版社,2008.

[2]倪军,严新根.新编国际贸易实务[M].北京:电子工业出版社,2011.

[3]全国国际商务单证培训认证考试办公室.国际商务单证理论与实务[M].北京:中国商务出版社,2007.

[4]吕红军.国际货物贸易实务[M].北京:中国商务出版社,2011.

[5]冷柏军.国际贸易实务[M].北京:高等教育出版社,2011.

[6]祝卫.出口货物模拟操作教程[M].上海:上海人民出版社,2002.

[7]吴国新.国际贸易单证实务[M].北京:清华大学出版社,2008.

[8]朱金生.国际贸易理论与实务[M].北京:人民邮电出版社,2011.

[9]张燕芳.国际贸易实务[M].北京:北京人民邮电出版社,2011.

内容提要

本书是主要探讨国际贸易交易中作为进出口商如何对外报价、如何还价以及能否接受对方报价的一门外贸专业教材,主要运用"报价＝成本＋费用＋利润"原理进行各项核算,然后又从成本、费用、利润的角度进行层层剖析,展开进行详解,尤其是费用环节,分别从国内费用、国际运费、国际保险费、国际佣金等方面细致入微地深入探索,可谓环环相扣,丝丝入扣。

本书既可以作为国际贸易相关专业的教材,也可以作为从事进出口核算相关人员的参考用书。

图书在版编目(CIP)数据

进出口核算/张慧省主编.—西安:西安交通大学
出版社,2015.10
ISBN 978-7-5605-8057-9

Ⅰ.①进… Ⅱ.①张… Ⅲ.①外贸企业会计-高等
学校-教材 Ⅳ.①F740.45

中国版本图书馆 CIP 数据核字(2015)第 250704 号

书　　名	进出口核算
主　　编	张慧省
责任编辑	王建洪
出版发行	西安交通大学出版社
	(西安市兴庆南路 10 号　邮政编码 710049)
网　　址	http://www.xjtupress.com
电　　话	(029)82668357　82667874(发行中心)
	(029)82668315(总编办)
传　　真	(029)82668280
印　　刷	陕西元盛印务有限公司
开　　本	787mm×1092mm　1/16　印张 10.375　字数 249 千字
版次印次	2016 年 1 月第 1 版　　2016 年 1 月第 1 次印刷
书　　号	ISBN 978-7-5605-8057-9/F·563
定　　价	22.00 元